생명
민주주의

생명 민주주의

지 윤 지음

분야자치, 우리가 직접 설계하는 정치

bio Democracy

리더북스

프롤로그

우리는 이미 깨어났습니다.
이제는 우리 스스로 삶을 설계할 시간입니다

그동안 우리는 학벌과 사회적 지위를 믿어왔습니다. 좋은 학교를 나오고, 사회적 지위가 높고, 전문직에 종사하는 사람이라면 일반 시민보다 더 많이 알고, 더 성실하게 정치할 거라고 믿어 의심치 않았습니다. 그래서 그런 이들을 국민의 대표자로 뽑았습니다. 하지만 돌아온 것은 크나큰 실망이었습니다.

버스 기사가 승객 요금 800원을 자판기 커피값으로 쓴 것은 유죄로 다스리면서 수백만 원의 향응과 횡령은 무죄가 되는 판결. 약자를 벌주고 강자에게는 관대한 법과 붕괴된 사법 시스템. 한국 사법 시스템의 신뢰도는 전 세계 167개 국가 중 155위로 심각한 상황입니다. 그런 이들이 과연 국민을 대변할 자격이 있는가, 진심으로 국민의 심정을 이해하고 일할 수 있는가. 우리는 종종 의문을 품고 회의하게 되었습니다.

심지어 대외적으로 '공정'과 '상식'을 외치면서도 남의 아주 작은 실수를 들춰내 그것을 염치없는 범죄라 몰아세우고, 가족 전체를 끌어들여 삶을 짓밟고, 수십 차례 압수수색을 해가며 괴롭히는 일도 있었습니다. 그런데 정작 법을 집행하는 당사자들과 함께하는 사람들, 수많은 부정과 비리를 저지른 이들에게는 어이없을 정도로 관대하게 구는 모습을 보았습니다. 수사조차 제대로 하지 않고 덮어버리는 이중적인 태도. 그들의 '공정'이란, 결국 자신들에게만 적용되는 말이었는지도 모릅니다.

옛날에는 우리 일반 국민의 교육 수준이나 의식 수준이 낮았던 시절도 있었고, 그땐 누군가 우리를 대신해 나라를 위해 일하는 대표자가 필요하다고 여겼습니다. 하지만 지금은 다릅니다. 이제 우리나라는 전 세계에서 문맹률이 가장 낮은 국가에 속하고, 국민의 교육 수준이나 의식 수준이 크게 올라왔습니다. 정보 접근도 어렵지 않고, 세상 돌아가는 이치를 스스로 판단할 수 있는 국민들이 많아졌습니다. 그런데도 국민의 민의를 충분히 반영하지 못하고 국민 위에 군림하여 신뢰가 무너진 '대의정치(代議政治)'를 해야 할까요?

우리 국민이 선거로 뽑은 국회의원들과 대통령. 그들은 정작 국민을 위한 정치는 하지 않고 자기네 부류, 자기편, 자기 권력 유지를 위한 정치만 하고 있습니다. 국민 세금으로 높은 연봉을 받으면서도 능력도 책임감도 없이 그 자리를 지키고 있을 뿐입니다. 심지어 국가적 재난이 닥쳐도 제대로 대응하기는커녕 여행이나 다니고 술자리를 가지는 사람들. 이런 사람들에게 우리 삶과 국가의 미래를 맡기는 것이 옳은 일인가요?

일부 시민단체, 노동자 단체가 우리의 목소리를 대변하기 위해 직접 정당을 만들기도 했습니다. 나름의 진정성과 노력이 있었고, 기존 정당보다는 나아 보이기도 했습니다. 하지만 그들 역시 몇 번 국회의원이 되면 달라졌습니다. 황제처럼 굴고, 권위를 내세우고, 국민보다는 자신을 먼저 챙기기에 바빴습니다. 결국 우리 국민의 마음을 온전히 대변하는 정당은 없었습니다.

그러던 중, 단 하나의 희망이 있었으니, 바로 '**촛불혁명**'이었습니다. 무능하고 부패한 정권을 심판하기 위해 국민들은 자발적으로 광장에 모였습니다. 어떠한 지도자도 없이 SNS를 통해 스스로 연락하고 스스로 집회를 만들었습니다. 그곳에서 국민들은 분노를 넘어서 자신들의 마음과 생각을 자유롭게 표현했습니다. 그 장면은 전 세계에서도 유례없는 모습이었습니다. 국민들이 스스로의 힘으로 지도자를 끌어내리고 정치의 흐름을 바꾼 사건이었습니다. 우리는 그 힘을 보여주었습니다.

그래서 우리는 믿었습니다. 새 정권은 달라질 거라고, 이번엔 제대로 국민을 위한 정치를 할 거라고. 하지만 또다시 그 내부에 기득권이 존재했고,

국민의 뜻을 왜곡하고 조작하는 일들이 벌어졌습니다. 결국 우리의 염원은 실현되지 못했고, 오히려 역사상 최악의 무능한 대통령을 만들어 내는 결과를 초래했습니다. 그리하여 우리는 지난 윤석열 정부 3년간 수많은 혼란에 직면했고, 정치·경제·사회·문화 모든 면에서 지치고 힘든 시간을 견뎌야 했습니다.

급기야 우리는 또다시 일어났습니다. 우리 국민은 더 발전했습니다. 12.3 내란 이후, 그저 분노만이 아닌 희망의 에너지로 광장을 채웠습니다. 특히 젊은 MZ세대는 광장을 축제의 장으로 만들었습니다. 기성세대가 만든 절망을 스스로의 방식으로 웃음과 음악, 창의로 되받아쳤습니다. 이것은 단순한 정치적 시위가 아니었습니다. 민주주의의 진화였고, 한 단계 업그레이드된 시민의식의 표출이었습니다.

바로 이 순간, 저는 희망을 보았습니다. **국민의 의식 수준은 이미 국회의원이나 장관, 대통령보다 못하지 않았습니다. 어쩌면 그 수준이 훨씬 높았습니다.** 정치를 잘 아는 것은 책으로 배우는 게 아니라 삶을 살아내며 스스로 느끼는 것이니까요. 그래서 저는 이렇게 확신하게 되었습니다. 우리는 이제 스스로 우리 삶과 미래를 설계할 수 있다고. 그런 이유로 민주주의란 결국 시민의 깨어있는 의식에서 시작해야 한다고 믿습니다. 우리가 촛불혁명과 빛의 혁명에서 보여준 그 의식. 그것이야말로 참된 민주주의의 초석이라고 생각합니다.

민주주의는 더 이상 소수의 지도자나 국회의원이 만들어주는 것이 아닙니다. 각자의 분야에서, 각자의 자리에서 우리가 가장 잘할 수 있는 일을 마음껏 펼칠 수 있고, 그것이 정책이 되고 법이 될 수 있다면 우리는 훨씬 더 자유롭고 즐겁게 정치에 참여할 수 있습니다. 우리는 스스로 설계하는 민주주의를 향해 나아가야 합니다. 그것이 **생명 민주주의, 그리고 그 실현 방법이 분야자치입니다.**

저는 고민했습니다. 어떻게 하면 분야자치가 실제로 작동할 수 있는지, 어떻게 하면 생명 민주주의로 나아갈 수 있는지를. 그 고민의 끝에서 나온 것이 바로 이 책입니다.

이 책은 단지 한 사람의 주장이 아니라, 우리가 함께 겪어온 시대의 기록이자, 앞으로 우리가 함께 만들어갈 미래의 밑그림입니다.

우리는 이미 깨어나 있습니다. 이제는 그 깨어남을 연결할 시간입니다.

이 책은 말합니다. "너는 위대한 존재다. 너의 삶을 스스로, 너희들과 함께 만들어라. 그러기 위해선 자유로워지고, 함께 사랑해야 한다. 그 시작은 바로 너의 의식에서부터다."

이 책을 나의 위대함을 다시 찾고자 하는 당신, 나와 내 가족의 삶을 직접 설계하고자 하는 당신, 억압과 고통으로부터 자유로워지고 싶은 당신, 진정한 사랑을 느끼고 표현하고 싶은 당신, 이미 깨어났지만 이제는 일어서서 함께 뛰고 싶은 당신에게 바칩니다.

2025 가을 과천에서 지 윤

목차

프롤로그	4
제1장 정치는 멀리 있는 게 아니야	13
제2장 다가오는 미래, 새로운 문명을 준비할 시간	21
제3장 우리는 어떤 국가를 꿈꾸는가?	29
제4장 나는 왜 중요한가?	37
제5장 공동체, 민주주의의 토양	51
제6장 의식은 에너지이며, 민주주의는 깨어남의 구조이다	57
제7장 분야자치	67
제8장 어떻게 시작할 것인가?	79
제9장 AI 시대, 왜 분야자치인가?	91
제10장 새로운 시대, 새로운 교육	99
제11장 진정한 자유, 진정한 평등	107
제12장 사랑의 에너지	119
제13장 새로운 문명의 탄생	129
제14장 하나의 생명체로서의 지구	143

부록

1. 생명 민주주의 핵심 개념 및 내용　　　　　　　154

2. 분야자치의 구현을 위한 설계도　　　　　　　162

3. 의식 성장 교육의 구조　　　　　　　　　　　167

4. 기술과 자본의 공공성　　　　　　　　　　　171

5. 의식 각성을 위한 6단계 생활 실천 가이드　　176

6. 갈등은 진화의 재료다　　　　　　　　　　　180

7. 생명 민주주의 핵심 용어　　　　　　　　　　184

에필로그 - 인터뷰　　　　　　　　　　　　　　196

제1장

정치는 멀리 있는 게 아니야

당신의 오늘 하루는 어땠나요? 보람되고 즐거운 하루였을 수도 있습니다. 반면에, 어쩌면 조금 지치고 아쉬운 하루였는지도 모르겠습니다. 그 안에는 분명, 웃음을 짓게 한 순간도 있었겠지만, 어딘가 불편하고 서운한 기억도 하나쯤은 떠오르지 않나요?

예를 들어, 출근길에 늦지 않게 집을 나섰지만 예상치 못한 지하철 연착으로 중요한 회의 시간을 놓쳤던 경험. 회사에 겨우 도착했는데 정전으로 인해 엘리베이터가 멈추는 바람에 숨을 헐떡이며 몇 층이나 계단을 올라야 했던 일. 혹은 한참 집중해서 작성하던 이메일이 갑작스러운 시스템 오류로 사라져 버린 날. 이런 일들은 누구에게나 익숙한 경험일 것입니다.

우리는 이런 순간에 대개 "오늘따라 운이 없네" 하며 넘겨버리곤 합니다. 어쩌면, 그런 일쯤은 누구에게나 있는 '사소한 불편'이라고 여기며 그냥 흘려보내 버릴지도 모릅니다. 그러나 과연 그럴까요? 우리가 '운'이라 생각한 이런 일들 뒤에는 우리가 무심코 지나쳐 온 거대한 구조, 바로 '정치'가 숨어 있습니다.

지하철 운행 시간표를 누가 어떻게 정하는가?
도시의 전력 공급은 어떤 기준과 원칙에 따라 운영되는가?
공공기관의 사이버 보안은 왜 허술했고, 관련 예산은 왜 충분히 배정되지 않았는가?
이 모든 질문의 답은 단순한 기술이나 행정의 문제가 아니라, 정치적 결정의 결과입니다. 즉, 삶 속의 작은 불편들은 사실상 '정책의 결과'이며, 그 정책은 **'정치'**라는 거대한 선택의 연쇄 속에서 만들어진 것입니다.

이제 우리는 다시 물어봅니다.
"정치란 뭘까?"
"그게 나랑 무슨 상관이 있지?"

많은 사람들이 정치에 대해 이렇게 말합니다.
"나는 그런 거 잘 몰라요."
"정치는 위에서 알아서 하는 거 아닌가요?"
"나는 그냥 조용히 내 삶이나 살고 싶어요."

그런 말들은 이해됩니다. 정치란 말만 들어도 피로감을 느끼는 사람들이 많습니다. 실제로 우리가 매일 접하는 뉴스 속 정치인은 고성과 비난을 주고받고, 정쟁은 도무지 끝나지 않으며, 선거철마다 쏟아지는 공약은 선거가 끝나면 언제 그랬냐는 듯 사라지기 일쑤입니다.

이런 광경을 오래도록 지켜본 사람이라면, 정치를 '전문가들만의 일, 어딘가 먼 세계에서 벌어지는 일'이라고 여겨도 무리는 아닙니다. 그러나 실상은 정반대입니다.

정치는 늘 우리 곁에 있어 왔습니다. 정치는 국회에서만 일어나는 것도 아니고, 청와대나 시청 같은 건물 안에서만 벌어지는 일도 아닙니다. 정치는 바로 우리 삶의 조건을 구성하고 조율하는 힘입니다.

학생들이 어떤 급식을 먹는지, 어떤 교과서로 배우는지, 우리가 받는 의료 서비스의 질은 어떠한지, 월세는 얼마나 부담되는지, 대중교통은 얼마나 안전하고 편리한지, 직장 내 근무 환경은 인간적인지, 연금은 노후에 충분한지, 공기의 질은 안전한 수준인지. 이 모든 것이 '정책'의 결과이고, 그 정책은 바로 '정치'의 산물입니다.

그럼에도 우리는 오랫동안 그 사실을 잊고 살아왔습니다. 혹은 외면해 왔습니다.
"어차피 바뀌는 거 없잖아."
"내가 한 표 던져봤자 뭐가 달라져."
"나는 내 일만 잘하면 돼."
이 말들 속에는 체념과 무력감이 스며 있습니다.

하지만 기억해야 할 것은, 우리가 정치를 외면한다고 해서 정치가 우리를 외면해 주지는 않는다는 점입니다. 정치는 항상 우리 곁에 있습니다. 우리가 관심을 끊는 순간에도 정치적 결정은 여전히 내려지고 있으며, 그 결과는 반드시 우리의 삶에 영향을 미칩니다.

그래서 우리는 질문을 조금 더 깊이 던져볼 필요가 있습니다.
"정치란 무엇일까요?"
단지 선거철에 누군가를 뽑는 일인가요? 투표소에 가서 한 표 던지는 일일까요?

물론 그것도 정치의 일부입니다. 하지만 정치는 그보다 훨씬 더 넓고 깊은 개념입니다. 정치는 우리가 함께 살아가기 위해 만든 '삶의 조건을 조율하는 방식'입니다. 정치는 어떤 가치를 우선순위에 두고, 어떤 방식으로 자원을 배분할지 결정하며, 누구의 목소리를 어떻게 반영할지를 고민하는 사회적 설계입니다.
이처럼 정치는 '공공의 삶'을 만들어가는 기술이며, 그 안에는 내가 있고, 나와 함께 살아가는 모든 이들이 있습니다.

이제 우리는 또 다른 질문을 던져야 합니다.
"국가는 무엇일까요?"
우리는 흔히 국가를 커다란 행정조직이나 시스템으로만 이해합니다. 법률, 예산, 공무원, 세금…. 이런 말들이 먼저 떠오르죠. 그러나 그런 틀을 벗어나 조금 다른 시선으로 보면, 국가는 오히려 하나의 살아 있는 생명체에 가깝습니다. 수많은 사람들이 유기적으로 연결되어 있고, 각자 역할을 하며 함께 순환하고 살아가는 존재. 바로 생명체로서의 국가입니다.

이 책은 그 시선에서 시작합니다.
국가는 살아 있는 몸이고, 국민은 그 몸을 이루는 세포이며, 정치란 그 몸이 건강하게 살아가기 위한 순환과 조율의 기술입니다. 그리고 그 몸이 건강하게 살아 있으려면 세포 하나하나가 살아 있어야 합니다. 즉, '나' 자신이 깨어 있어야 합니다.

정치는 나와 멀리 떨어진 세계가 아닙니다. 정치는 지금 이 순간에도 내 삶 속에 숨 쉬고 있습니다. 우리가 그 사실을 잊지 않을 때 정치는 다시 살아날 수 있습니다. 그것이 변화의 시작입니다.

다음 장에서는, 이처럼 우리의 삶과 분리될 수 없는 국가를 '살아 있는 생명체'로 바라보는 새로운 관점에 관해 이야기하려고 합니다. 그 안에서 당신은 단순한 국민을 넘어서, 이 거대한 생명체를 건강하게 만드는 가장 중요한 세포로서의 존재로 자신의 역할과 잠재력을 발견하게 될 것입니다.

정치는 결코 멀리 있지 않습니다. 정치는 당신의 삶에, 그리고 당신 안에, 지금도 조용히 숨 쉬고 있습니다.

제1장 요약

정치는 멀리 있는 게 아니야

1. 일상의 불편은 정치의 결과
- 지하철 지연, 정전, 사이버 장애 등은 **단순 사고가 아니라 정책의 문제다.**
- 우리가 겪는 사소한 불편 뒤에는 **정치적 결정**이 숨어 있다.

2. 정치에 대한 무관심과 체념
- "정치는 전문가가 알아서 하는 것", "나는 내 일이나 하자"는 **무력감**이 팽배
- 하지만 **정치를 외면해도 정치는 우리를 외면하지 않는다.**

3. 정치는 삶을 구성하는 힘
- 급식, 교과서, 의료, 교통, 임금, 연금 등 **모든 삶의 조건은 정치로 결정된다.**
- 정치는 국회나 시청이 아니라, **우리 삶 안에 존재하는 힘이다.**

4. 국가는 하나의 생명체
- 국가는 시스템이 아니라 **살아 있는 유기체다.**
- 국민은 세포, 정부는 장기, 정책은 혈액처럼 서로 순환하며 살아 있어야 한다.

5. 깨어 있는 국민이 변화의 출발점

- '나 하나'의 의식이 **국가라는 생명체에 생기를 불어넣는다.**
- 정치는 멀리 있는 것이 아니라, **지금 이 순간의 나에게 달려 있다.**

6. 결론

- 정치는 당신의 삶 안에 조용히 숨 쉬고 있다.
- **내가 깨어 있을 때 정치도 살아난다** → 변화의 시작

제2장

다가오는 미래, 새로운 문명을 준비할 시간

기술은 이미 앞서가고 있습니다. 그런데 우리의 의식은 어떨까요?

혹시 이런 생각을 해본 적이 있으신가요?
'앞으로 세상은 어떻게 바뀔까?'
'내가 지금 살고 있는 이 사회는 과연 어디로 가고 있는 걸까?'
우리는 지금 단순한 시대의 변화가 아니라, **문명의 방향이 바뀌는 거대한 전환점**에 서 있습니다. 그저 몇 년 사이 새로 나온 기술이 낯설다거나, 일상이 조금 더 편리해졌다는 정도의 변화가 아닙니다. 이것은 말 그대로 기술, 경제, 환경, 교육, 정치 전반에 걸친 **'근본적인 재설계의 시기'**입니다.

제1장에서 이야기했듯이, 지하철이 연착하고 정전이 일어나는 작은 사건들조차 모두 '정치'라는 시스템의 일부입니다. 그와 마찬가지로 지금 우리가 마주한 전 지구적 위기들 역시 단순히 자연이나 운의 문제가 아니라, **정치·사회적 결정의 누적된 결과**입니다.

한번 둘러볼까요?
기후는 매년 더 극단적인 패턴을 보이고 있고, 감염병은 한순간에 우리의 삶을 멈추게 만들었으며, 전쟁과 갈등은 더 이상 먼 나라 이야기처럼 느껴지지 않습니다. 게다가 인공지능, 로봇, 바이오 기술은 매일같이 인간의 영역을 빠르게 잠식하고 있습니다.
그렇다면 과연 **"우리는 이 변화에 맞춰 제대로 준비하고 있는 걸까요?"**
기술은 이미 우리를 훌쩍 앞질러 가고 있지만, 우리의 정치·경제·교육 그리고 의식은 그 속도를 따라가지 못하고 있습니다. 마치 급류를 만난 낡은 배처럼 제자리에 서서 흔들리고 있을 뿐이죠.
우리는 지금 '잃어버린 시간' 속에 살고 있습니다. 기술은 나날이 발전하는데 인간은 멈춰 있고, 그 간극은 점점 깊어지고 있습니다. 그 결과는 뻔합니다.
공동체의 해체, 갈등의 심화, 양극화의 고착, 환경의 파괴…. 이것들은 어느 날 갑자기 나타난 위기가 아닙니다. 우리가 **제대로 준비하지 않은 채 여기까지 흘러온 결과**입니다.

그래서 저는 다른 관점에서 논점을 짚어보겠습니다.
"이제 기술이 아니라 '인간'에게 집중할 때입니다."
더 정확히 말하자면, **'인간의 의식'** 바로 그 깊은 내면을 들여다봐야 할 때입니다.
기술은 더 똑똑해지고 더 빨라지겠죠. 하지만 기술이 윤리적 판단을 할 수 있을까요? 기술이 공동체를 돌보고, 타인을 공감하며, 함께 살아가는 가치를 고민할 수 있을까요?
그것은 **오직 인간만이 할 수 있는 일**입니다.

지금 우리는 문명의 갈림길에 서 있습니다. 기술이 인간을 지배하는 디스토피아, 혹은 인간이 기술을 조화롭게 활용하는 유토피아. 이 중 어느 길을 선택하느냐는 정치 지도자 한 사람의 결정이 아니라, 우리가 각자의 자리에서 어떤 '의식'으로 살아가느냐에 달려 있습니다.

그런데 여기서 가장 큰 문제는, 우리의 교육 시스템이 이 변화에서 가장 뒤처지고 있다는 사실입니다. 아직도 시험, 경쟁, 암기, 서열… 이런 것들로 학생들을 줄 세우고 있습니다. 마치 한 치의 오차도 없이 정확히 입력된 프로그램처럼 움직이게 하려는 것처럼요.
하지만 이제는 질문해야 합니다.
"그렇게 배운 학생들은 과연 어떤 미래를 살아가게 될까요?"
지식은 인공지능이 더 빠르고 정확하게 배웁니다. 그렇다면 인간은 어떤 능력을 가져야 할까요? 그것은 아마도 **'상상력, 감정, 공감, 창조, 윤리, 관계 맺기 등 비가시적인 힘'**일 것입니다.
그러니 지금 우리는 기술을 배우는 것만으로는 부족합니다. **'인간이 되는 법'**을 다시 배워야 할 때입니다.
그리고 그것은 단지 개인의 일이 아니라, 우리 사회 전체가 다시 설계되어야 할 **'문명적 전환의 과제'**입니다.

당신은 어떤 세상을 꿈꾸시나요?
그리고 그 세상을 위해 지금 어떤 의식으로 살아가고 있나요?

다음 장에서는 이 질문을 더 구체화해 보려 합니다. 우리가 함께 살아갈 사회, 우리가 함께 만들어갈 **'국가'란 무엇인가**, 그 안에서 내가 어떤 존재로, 어떤 방식으로 참여할 수 있는지를 함께 생각해 보겠습니다.

미래는 이미 와 있습니다. 이제는 우리가 그 미래를 향해 **스스로를 준비할 시간**입니다.

제2장 요약

다가오는 미래, 새로운 문명을 준비할 시간

1. 우리는 문명의 전환기에 있다
- 지금은 단순한 시대 변화가 아니라 **문명 전체의 방향이 바뀌는 전환점이다.**
- 정치·경제·교육·기술 등 전 영역에서 **근본적 재설계**가 필요하다.

2. 위기는 시스템의 결과
- 기후 위기, 팬데믹, 갈등, 양극화 등은 **우연이 아닌 누적된 선택의 결과다.**
- 문제는 기술이 아니라 **정치·사회적 대응 부재다.**

3. 기술은 빠르지만 인간은 멈춰 있다
- 기술은 급진적 진화 중인데, **교육과 정치, 의식은 제자리다.**
- 이 간극이 사회 불안, 공동체 붕괴, 인간 소외를 가속화한다.

4. 중심을 바꿔야 할 때
- 이제는 기술보다 '**인간**' 그리고 '**의식**'에 집중해야 할 시간이다.
- 인간 고유의 힘: **공감, 윤리, 상상력, 관계 맺기**

5. 교육 시스템이 가장 뒤처져 있다

- 여전히 암기·서열·경쟁 중심의 교육을 하고 있다.
- AI가 대체할 수 없는 의식·감정·공동체 감각을 기르는 교육이 필요하다.

6. 문명 전환의 핵심 과제

- 기술을 배우는 것을 넘어서 '인간이 되는 법'을 다시 배워야 할 때이다.
- 이것은 개인의 일이 아니라 전체 사회의 재설계 과제다.

7. 결론

- 미래는 이미 와 있다.
- 이제는 내가 어떤 의식으로 살아갈 것인지, 어떤 사회를 함께 만들어갈 것인지를 묻고 준비해야 할 시간이다.

제3장

우리는 어떤 국가를 꿈꾸는가?

생명으로서의 국가

혹시 이런 생각을 해본 적이 있으신가요?
'국가란 무엇인가? 나는 그 안에서 어떻게 살고 있는 걸까?'
사실 우리 대부분은 '국가'라는 말을 들으면, 뭔가 크고 무겁고 딱딱한 느낌부터 떠오릅니다. 법과 제도, 세금과 행정, 그리고 뉴스에서 늘 나오는 정치 싸움들…. 말하자면, 거대한 기계 같은 이미지입니다. 돌아가고 있는 것 같기는 하지만, 그 안에 내가 어디쯤 있는지조차 잘 보이지 않는 그런 시스템.

앞선 1, 2장에서 정치가 얼마나 일상에 깊이 스며들어 있는지, 또 기술이 빠르게 발전하는 시대에 우리가 얼마나 낡은 시스템에 갇혀 있는지를 함께 살펴봤습니다. 이제 그 연장선상에서 우리는 한 가지 더 근본적인 질문을 던져야 할 시점에 와 있습니다.
그것은 바로, **"우리는 어떤 국가를 꿈꾸어야 할까?"**라는 질문입니다.

흔히 국가는 세금을 걷고 법을 집행하는 행정 시스템이라고 생각합니다. 실제로도 그렇죠. 하지만 그것만으로는 뭔가 중요한 부분이 빠진 느낌입니다. 과연 국가는 효율적으로 관리되기만 하면 충분한 조직일까요? 아니면 우리의 삶 전체를 담고, 미래를 함께 설계해 나가는 더 유기적인 존재여야 할까요?

여기서 저는 하나의 전환점을 제안하려고 합니다. 우리가 지금까지 당연하게 여겨온 '국가=기계'라는 사고방식에서 벗어나, 이제는 국가를 **'살아 있는 생명체'**로 바라보자는 것입니다.

기계는 정교하긴 하지만 생명이 없습니다. 정해진 규칙에 따라 작동하고, 효율성만을 따지며, 고장 나면 부품을 갈아끼우죠. 그런데 그렇게 움직이는 국가는 시간이 지날수록 사람들의 삶과 점점 멀어지게 됩니다. 정책은 누군가의 책상에서 만들어지고, 국민은 그것을 그냥 따르는 수동적 존재가 되죠. 우리는 투표할 때는 주인이지만, 그 이후에는 다시 '기계의 부속품'으로 돌아가게 됩니다. 더 큰 문제는 그렇게 만들어진 시스템이 이제는 심각하게 병들기 시작했다는 것입니다. 대의제 정치가 제 기능을 못하고, 정책은 자본과 권력의 논리에 끌려가고, 국민의 목소리는 점점 닿지 않는 곳에서 튕겨 나갑니다.

이쯤 되면 이런 질문이 자연스럽게 떠오릅니다.

"이 국가는 누구를 위한 것인가?"

여기서 '생명체로서의 국가'라는 발상이 등장합니다.

생명체는 기계와 다릅니다. 스스로 조절하고, 상처를 치유하고, 환경에 적응하며 진화합니다. 각각의 장기들은 서로 소통하고, 혈액은 전신을 순환하며, 세포 하나하나가 살아 숨 쉬는 유기적인 존재입니다.

이 비유를 그대로 국가에 적용해 봅시다.
국민은 수많은 '세포'이고, 정부는 심장과 폐 같은 '장기'이며, 정책은 생명체를 순환하는 '혈액'입니다. 그리고 이 혈액은 단지 움직이는 것이 아니라, 모든 곳에 영양을 골고루 보내야 하고, 불필요한 것들을 배출해 내야 하죠.

하지만 지금은 어떤가요?
국민이라는 세포의 신호는 무시되고, 정책이라는 혈액은 특정 부위에만 몰리고, 정부라는 장기들은 따로 놀고 있는 상황입니다. 어디선가 고통을 호소하는데도 그 소리가 심장이나 뇌에 닿지 않습니다. 정부 정책은 특정 산업이나 계층에만 집중되고, 대다수 국민들의 삶은 점점 말라갑니다.
그뿐인가요. 행정부, 입법부, 사법부는 서로 협력하지 못하고, 당파적 갈등 속에서 국민은 외면당한 채 남겨져 있습니다.
이것은 생명체가 아니라, 병든 몸, 혹은 괴물에 가깝습니다.

그럼 우리는 어떤 국가를 만들어야 할까요?
바로 여기서 **'생명 민주주의'**라는 비전을 꺼내고 싶습니다. 이건 단지 정치 제도의 개혁을 말하는 게 아닙니다. 우리 삶 전체를 다시 연결하고 살아 숨 쉬게 만드는 철학적 전환입니다.

생명 민주주의의 핵심은 세 가지입니다.

1. 국민(세포)의 능동적 참여
국민은 단순히 투표하는 존재가 아니라, 일상에서 정책을 제안하고, 지역 문제 해결에 함께하는 주체입니다. 살아 있는 세포들이 서로 연결될 때 몸 전체가 건강해지듯 말입니다.

2. 정부(장기)의 유연한 조율자 역할
정부는 더 이상 명령하고 통제하는 기계 장치가 아니라, 국민의 신호를 섬세하게 듣고 필요한 자원을 순환시키는 조율자입니다. 아래로부터 올라오는 생명력을 중심으로 움직여야 합니다.

3. 정책(혈액)의 공정한 순환
기술과 자본이 만들어낸 부는 특정 집단에만 집중되지 않아야 합니다. 기본소득, 공공서비스 같은 장치를 통해 사회 전체에 순환돼야 하며, 정책은 사람들의 삶을 돌보는 피처럼 작동해야 합니다.

우리는 자각해야 합니다. 국가는 더 이상 '남의 일'이 아니고, 나 자신이 그 몸을 이루는 '세포'라는 인식이 출발점입니다. 그렇게 깨어 있는 세포들이 연결되고, 서로 반응하며 생명력을 불어넣는다면, 지금 병들고 굳어버린 국가라는 몸도 다시 살아 있는 생명체로 진화할 수 있습니다. 그것이 바로 우리가 꿈꿔야 할 민주주의의 다음 모습입니다.
생명으로서의 국가, 그리고 함께 숨 쉬는 우리 모두의 민주주의.

제3장 요약

우리는 어떤 국가를 꿈꾸는가?

1. 기존 국가 인식의 한계
- 대부분의 사람들은 국가를 **행정 기계, 권력 구조**로 인식한다.
- 국민은 법과 제도 속의 **수동적 부품**처럼 느껴진다.

2. 병든 시스템의 현실
- 대의제는 제 기능을 못하고, 정책은 자본·권력 중심으로 왜곡된다.
- 국민의 목소리는 소외되고, 국가 시스템은 **비인간적 기계**처럼 움직인다.

3. 국가를 '생명체'로 다시 상상하자
- 국가는 하나의 살아 있는 **유기체**처럼 작동해야 한다.
- 국민은 세포, 정부는 장기, 정책은 혈액이다 → **전체가 조화롭게 순환**

4. 생명체 국가의 3대 핵심 구조
(1) 국민(세포)의 능동적 참여

국민은 단순한 투표자가 아닌 **일상 속 정책 주체**다.

(2) 정부(장기)의 유연한 조율자 역할

정부는 명령자가 아니라 **자원 순환을 조정하는 중추다.**

(3) 정책(혈액)의 공정한 순환

부·기술·기회는 일부가 아닌 **사회 전체에 분배되어야 한다.**

5. 생명 민주주의라는 철학

- 단순한 제도 개혁이 아니라 **삶 전체를 유기적으로 연결**하는 철학이다.
- 살아 있는 세포(국민)가 깨어날 때만 국가는 생명력을 갖게 된다.

6. 결론

- 국가는 남의 일이 아니라 **나 자신이 구성하는 살아 있는 몸이다.**
- 생명 민주주의는 **국가를 살릴 뿐만 아니라 나를 깨우는 구조다.**

제4장

나는 왜 중요한가?

한 사람의 의식이 만드는
새로운 사회

어쩌면 당신은 이런 생각을 한 적이 있을 것입니다.
'세상이 이렇게 엉망인데 내가 뭘 할 수 있을까?'
'내가 아무리 열심히 살아봐야 뭐가 바뀌겠어.'
'뉴스 보기도 지치고, 투표는 해도 매번 달라지는 건 없는 것 같고….'
그렇습니다. 어느새 우리는 마음속에 하나의 공식 같은 것을 품고 살아갑니다.
'나는 작고, 세상은 크다.'
'나는 거대한 시스템 속의 티끌 같은 존재.'
그래서 대부분은 '별 수 없지' 하고 고개를 숙입니다. 먹고살기 바쁜 와중에 세상 돌아가는 일에까지 에너지를 쏟기엔 너무 피곤하고, 너무 복잡하고, 너무 멀게만 느껴지니까요.

그런데 말입니다. 혹시 이런 경험을 해본 적이 있으신가요?
어느 날 퇴근길에 뉴스에서 본 갑질 사건이 자꾸 떠올라서 마음이 불편한데, 지하철 안에서 누군가 약자를 향해 무례한 언행을 하는 걸 보게 됩니다. 그 순간, '저건 아니지!'라는 생각이 올라오고, 용기를 내서 한마디합니다.

"그렇게 말씀하시면 안 되죠."
그러자 주변 사람들이 조용히 고개를 끄덕이고, 당황한 가해자는 슬그머니 입을 다뭅니다.
아주 작은 일입니다. 뉴스에는 나오지도 않을 일. 하지만 그 순간, 그 공간의 공기는 분명 바뀌었죠. 당신의 말 한마디가 '**질서를 유지하는 무관심**'을 흔들었고, 그 자리에 '**깨어 있는 의식**'이 피어났습니다.

이 장은 바로 그 이야기입니다.
당신이 왜 중요한지, 그리고 **당신의 의식이 왜 세상을 바꿀 수 있는지**에 대한 이야기.
제3장에서 우리는 국가를 하나의 '생명체'로 보자고 했습니다. 그 생명체는 법이나 제도로만 유지되지 않습니다. 그 안에 있는 '세포' 하나하나가 깨어 있고 건강해야 비로소 전체가 살아 움직입니다. 당신이 바로 그 하나의 세포입니다.

자, 여기서 질문을 바꿔볼까요.
"당신이 살아 있다는 건 무엇인가요?"
단지 생물학적으로 숨 쉬고 있다는 것 말고요. 생각하고, 느끼고, 분노하고, 사랑하고, 무언가 '더 나은 것'을 꿈꾸는 그 감각. 그게 바로 의식입니다. 이 의식이 깨어나면 세상이 다르게 보이기 시작합니다. 뉴스에서 벌어지는 일들이 단지 남의 일이 아니게 되고, 정치적 무책임이 내 삶과 연결되어 있다는 걸 알아차리게 되며, "왜 그래야만 하지?"라는 질문을 던지게 됩니다.

갈릴레오도 그랬습니다. "태양이 도는 게 아니라, 지구가 도는 거 아닌가?"라는 질문 하나가 세계를 바꾸었죠. 간디도 다빈치도 마틴 루터 킹도 마찬가지였습니다. 그들은 거대한 세력을 등에 업고 시작한 게 아닙니다. 단지, **'내 안의 목소리'를 무시하지 않았을 뿐입니다.**

당신도 그렇습니다. 매일 아침 뉴스를 보며 느끼는 무력감. 공공기관의 불합리함을 겪었을 때의 답답함. SNS에서 분노가 폭주하는 댓글을 보며 느끼는 불안감…. 그 모든 감정은 **이미 깨어나고 있는 의식의 징후입니다.**
우리는 자주 말합니다.
"투표를 잘해야 한다!"
"정치에 참여하자!"
맞는 말입니다. 하지만 그보다 더 먼저 필요한 건, **깨어 있는 눈과 마음**, 다시 말해 **의식의 수준**입니다.

정치란 단지 표를 던지는 일이 아닙니다. 의식적으로 살아가는 태도, 정의로운 사회에 대한 상상, 공동체를 향한 감각, 그리고 자기 자신에게 부끄럽지 않은 선택들. 이 모든 것이 바로 정치입니다. 그래서 우리가 말하는 '민주주의'는 어떤 거대한 제도를 설계하는 일이 아니라, **한 사람 한 사람의 내면에서 시작되는 변화의 흐름**입니다.

그 변화는 아주 사소한 질문에서 시작됩니다.
"이건 왜 이럴까?"
"나는 이걸 그냥 지나쳐도 될까?"
"내가 뭘 할 수 있을까?"
그 질문들이 모여 작은 관심이 되고, 관심은 참여가 되며, 참여는 공동체를 움직이고, 마침내 사회 전체의 흐름을 바꾸게 됩니다.

이 장에서는 그 여정을 함께 따라가 보려고 합니다.
'나 하나'의 변화가 얼마나 근본적인 힘을 가지는지, 그리고 그 깨어남이 어떻게 다른 사람들의 의식에 불을 붙이는지, 현실 속에서 우리가 자주 마주치는 사례들을 통해 풀어가려고 합니다.
당신은 당신이 생각하는 것보다 훨씬 더 큰 힘을 가진 존재입니다. 지금 이 책을 읽고 있는 이 순간, 당신의 내면 어딘가에서는 이미 변화의 물결이 일고 있습니다. 이 물결은 멈추지 않을 것입니다. 왜냐하면, **당신이 중요하다는 사실은 진실이기 때문입니다.** 이제, 그 진실로부터 시작해 봅시다.

의식 수준이 민주주의를 결정한다 - 단순한 참여를 넘어서는 깨어남

당신은 아마도 선거철이 되면 이런 얘기를 들었을 겁니다.
"투표 꼭 하세요."
"이번엔 투표율이 중요합니다."
물론 맞는 말입니다. 민주주의가 숨 쉬기 위해서는 참여가 필요하고, 그 참여를 가장 손쉽게 실현할 수 있는 것이 '투표'니까요.
그런데요, 혹시 이런 생각을 해본 적이 있으신가요?
'나는 분명 투표했는데 세상은 왜 더 나빠지는 것 같지?'
'투표율은 높은데 왜 갈등은 더 심해질까?'
그 질문은 아주 중요합니다. 왜냐하면 여기서부터 우리는 '참여'의 양보다 '참여의 질'을 고민하게 되거든요. 단순히 참여했느냐보다, **어떤 마음으로, 어떤 기준으로, 어떤 책임감을 가지고 참여했느냐**가 민주주의의 건강을 결정짓습니다.

예를 들어볼게요. 한쪽에선 "정권을 심판하자"라고 외치고, 다른 쪽에선 "무조건 지켜야 한다"라고 외칩니다. 사람들은 각자의 분노와 두려움에 따라 줄을 섭니다. 그럼 과연 이것이 깨어 있는 민주주의일까요?
아니요. 이건 오히려 **'감정의 소비'**에 가깝습니다. 진정한 민주주의는 나의 감정을 성찰하고, 타인의 삶을 상상해보고, 공동체 전체의 안녕을 고민하는, 즉 **'의식의 깊이'**에서 출발해야 합니다. 다시 말해, 투표율이 100%여도 그 안에 담긴 의식이 얕고 왜곡되어 있다면 우리는 여전히 병든 민주주의 안에 살고 있는 것입니다. 반대로, 투표율이 다소 낮더라도 깨어 있는 국민들이 깊은 이해와 성찰로 선택한다면 그 사회는 **생명력 있는 민주주의**를 유지할 수 있습니다.

조금 어렵게 느껴지시죠? 그럼 이렇게 비유해 볼게요.
우리가 앞서 말했던 '국가=생명체'라는 개념에서 보자면, 법과 제도는 뼈

대나 장기, 투표율은 심장의 박동 같은 것입니다. 그렇다면 의식 수준은 뭘까요?

바로 **생명력 그 자체**입니다. 면역력이고, 회복력이고, 활력입니다. 심장이 아무리 세게 뛴다 해도 그 피가 오염돼 있다면 그 생명체는 병들고 맙니다. 우리가 추구하는 민주주의는 그저 활발히 움직이는 시스템이 아니라 **의식적으로 건강하게 살아 있는 시스템**입니다.

그 시작은 언제나 '나'입니다. 내가 깨어 있는가, 내가 진실을 바라볼 준비가 되었는가, 그리고 내가 '연결된 존재'임을 느끼는가.

다음은, 그 깨어남이 실제 삶에서 어떻게 작동하는지 이야기해 볼게요. 매우 사소한 일상에서 어떻게 의식이 바뀌기 시작하는지, 당신도 분명 공감하게 될 겁니다.

의식의 각성 - 일상에서 깨어난다는 것

우리는 살아가면서 자주 무력감을 느낍니다. 특히 사회 문제 앞에 서면 더 그렇습니다. 불합리한 뉴스가 또 떴을 때, 정치인들이 또 싸우고 있을 때, 거리에서 누군가가 차별당하고 있을 때…. 그럴 때 우리는 이렇게 중얼거리곤 합니다.

"저건 나랑 상관없는 일이지."

"나라가 원래 그래."

"정치는 더럽고, 어차피 아무것도 바뀌지 않아."

그렇게 한 발 빼게 되죠. 그게 편하고 안전해 보이니까요. 하지만 그 순간,

우리는 **의식의 잠**에 빠집니다. 그리고 그 무관심은 차곡차곡 쌓여서 결국 공동체 전체의 활력을 갉아먹습니다.

반대로, 깨어 있는 시민은 다릅니다. 비난보다는 질문을 던집니다. 단절보다는 연결을 고민합니다. 예를 들어볼까요?
아침 출근길에 지하철이 또 지연됐습니다. 피곤한 몸으로 서 있는 당신은 당연히 짜증이 나겠죠. 그런데 그 순간, 깨어 있는 시민은 스스로에게 이렇게 묻습니다.
"왜 이렇게 자주 고장이 날까?"
"이 시스템에 어떤 문제가 있는 걸까?"
"이건 단지 운의 문제일까, 아니면 구조적인 무능일까?"
"나는 시민으로서 이 문제에 어떤 목소리를 낼 수 있을까?"
이런 질문이 바로 '의식의 깨어남'입니다. 누구든 할 수 있습니다. 어렵지 않아요. 그저 현실을 피하지 않고, 그 안에서 뭔가 '이상하다', '바꾸고 싶다'라는 감각을 외면하지 않는 것, 그게 시작입니다. 이 깨어남은 단순히 '정보를 더 많이 아는 것'이 아닙니다. 그보다는 **기존의 고정관념을 의심할 수 있는 힘**에 더 가깝습니다.
'정치는 더럽다', '강한 자가 이기는 게 당연하다', '가난은 개인 탓이다', '내가 뭘 한다고 해서 바뀌지 않는다'…. 이런 생각들이 얼마나 많은 사람들의 삶을 가두고 있는지 아시나요?
우리는 어릴 적부터 이런 말들을 수없이 들어왔고, 자기도 모르게 그 믿음 안에 갇혀 삽니다. 하지만 의식이 깨어나는 사람은 그 틀을 깨고 묻습니다.

"정말 그런가?"

"다른 길은 없을까?"

"나는 어떤 관점으로 세상을 바라보고 있는가?"

그건 철학자만 하는 일이 아닙니다. 당신이 지금 이 글을 읽으면서 고개를 끄덕이고 있다면, 이미 그 질문을 던지고 있다는 뜻입니다. 이건 마치 어둡고 익숙한 동굴을 떠나 눈부신 바깥세상을 향해 걸어 나가는 여정과도 같습니다. 플라톤이 말한 것처럼, 진실은 언제나 불편하고 낯설지만, 그곳에서 비로소 우리는 '자유로운 존재'가 됩니다. 그리고 이 자유로운 한 사람, 깨어 있는 한 사람은 곧 **새로운 시대의 방향을 바꾸는 나침반**이 됩니다.

삶은 의식을 넘을 수 없다 - 당신의 내면이 곧 민주주의의 수준이다

우리는 종종 '좋은 사회'를 꿈꿉니다. 공정하고, 안전하고, 서로를 배려하는 따뜻한 사회 말입니다. 그 사회는 **어디서 오는 걸까요?** 과연 정책 하나가 바뀌면, 대통령이 바뀌면 갑자기 달라질까요? 그럴 수도 있겠죠. 하지만 그것만으로는 **불가능합니다.** 왜냐하면 사회는 결국 사람들의 모음이고, 그 사람들 하나하나의 **'의식 수준'**이 그 사회의 바닥을 구성하고 있기 때문입니다. 의식 수준이란 단순히 교양이 있고, 뉴스를 잘 챙겨보고, 정치에 관심이 있다는 걸 의미하지 않습니다. 그보다는 다음과 같은 질문을 하는 것이 더 중요합니다.

- 내가 불편한 진실을 마주할 용기가 있는가?

- 나와 생각이 다른 사람을 이해하려는 태도를 가졌는가?
- 공동체에 대한 책임감을 갖고 있는가?
- 감정에 휘둘리지 않고 더 넓은 관점에서 판단하는가?

이런 것들이 총체적으로 작용하는 내면의 '깊이'이자 '깨어 있음'입니다. 그리고 중요한 건 이것입니다. **삶은 절대로 자신의 의식을 넘을 수 없습니다.** 아무리 좋은 환경에 있어도 자신의 의식 수준이 낮으면 그 기회를 알아보지 못합니다. 아무리 좋은 제도가 있어도 그 가치를 알아보지 못하면 오히려 그것을 무기처럼 사용하게 됩니다. 마찬가지로, 민주주의도 그 구성원들의 의식 수준을 결코 초월하지 못합니다. 깨어 있는 시민이 많은 사회는 스스로를 돌보고, 불의 앞에서 침묵하지 않으며, 다름을 인정하고 공존하려 합니다. 반대로, 의식이 낮은 사회는 언제나 갈등에 휘말리고, 누군가를 탓하며, 그 책임을 외부로 전가하는 악순환 속에 머물게 됩니다.

그래서 저는 이 책을 통해 끊임없이 되묻고 싶었습니다.
"당신의 내면은 지금 어떤 질문을 던지고 있나요?"
"당신은 어떤 눈으로 세상을 바라보고 있나요?"
이 물음이 무엇보다 중요합니다. 왜냐하면 이 질문 하나가 당신을 바꾸고, 당신이 바뀌면 당신이 속한 작은 공동체가 달라지기 때문입니다. 의식의 확장은 그렇게 시작됩니다. 거창한 결심이 아니라 작은 '깨어남'에서부터. 뉴스에 등장하지 않는 이름 없는 시민, 조용히 쓰레기를 줍는 사람, 장애인을 도와주는 아이, 말없이 정직하게 일하는 당신. 이 모두가 **민주주의의**

세포이고, 그 생명력을 지켜주는 '면역세포'입니다.

마지막으로, 저는 이 장을 이렇게 정리하고 싶습니다.
"당신은 생각보다 훨씬 더 큰 힘을 가지고 있다."
"당신의 의식 하나가 지금 이 순간에도 사회를 바꾸고 있다."

다음 장에서는 바로 그 '한 사람의 의식'들이 만나 '공동체'라는 형태를 이루었을 때, 어떻게 더 강력한 민주주의의 근육이 되는지, 그리고 그것이 우리 한국 사회 안에 얼마나 깊게 뿌리내릴 수 있는지에 대해 좀 더 구체적으로 이야기해 보려 합니다. **당신의 깨어남이 우리 모두의 깨어남이 되는 길**, 그 여정을 함께 걸어가 보시죠.

제4장 요약

나는 왜 중요한가?

1. "나는 너무 작다"는 무력감
- 많은 사람들이 "내가 뭘 할 수 있을까?"라는 **체념** 속에 살아간다.
- '나는 작고, 세상은 크다'는 **내면 공식**이 민주주의를 마비시킨다.

2. 작은 행동이 공기를 바꾼다
- 지하철 안에서 한마디 용기 있는 말이 **공동체의 분위기**를 바꾼 사례
- **깨어 있는 의식 하나**가 질서와 무관심을 흔들 수 있다.

3. 의식이 깨어나면 세상이 다르게 보인다
- "왜 그래야 하지?" "이건 이상하다"라는 **작은 질문**이 변화의 시작이다.
- 갈릴레오, 간디, 마틴 루터 킹 등도 **내면의 질문**에서 출발했다.

4. 민주주의는 의식의 수준에 달려 있다
- 단순한 참여보다 **깨어 있는 참여**가 중요하다.
- 투표율보다 **참여의 질**과 의식의 깊이가 민주주의를 결정한다.

5. 의식은 일상에서 깨어난다

- 문제를 피하지 않고 질문하는 태도
- 고정관념을 의심하고 성찰하는 힘이 의식의 각성이다.

6. 사회는 의식의 총합을 넘지 못한다

- 개인의 의식 수준이 낮으면 좋은 제도도 무력해진다.
- 삶과 민주주의는 자신의 의식 수준을 절대 초월하지 못한다.

7. 결론

- 한 사람의 깨어남이 곧 **사회 전체의 변화의 씨앗이다.**
- 당신은 생각보다 훨씬 더 **강력한 영향력을 가진 존재다.**

제5장

공동체,
민주주의의 토양

'우리'라는 감각을
다시 떠올리는 순간

당신은 요즘, 사람들과 얼마나 연결되어 있다고 느끼시나요? 사람 많은 곳에서 굳이 눈을 마주치지 않아도 되는 익숙한 거리, 서로 말하지 않아도 되는 편안한 단절 속에서 살아가고 있지는 않나요?
우리는 때때로 이런 고립 속에서 스스로를 단단하게 만들려고 애씁니다. "나만 잘하면 돼." "내 일은 내가 책임질게." "괜히 남에게 기대지 말자." 이런 말들이 어른스러워 보일지도 모릅니다. 하지만 그 마음속 어딘가에는 '혼자라는 감각'이 주는 묘한 외로움이 함께 따라오곤 합니다.

사람들은 가끔 이렇게 묻습니다. "이렇게 각자도생하며 사는 사회가 온당한 걸까?" 그 질문에 대한 답은 생각보다 멀리 있지 않습니다. 우리는 이미 그 답을 행동으로 말한 적이 있었습니다. 2016년 겨울, 수많은 시민들이 스스로 광장으로 나갔을 때 말입니다. 그때 광장에 모인 사람들은 누가 시켜서 나온 것이 아니었습니다. 정해진 지도자도 통일된 구호도 없었습니다. 그런데도 모두가 한마음처럼 느껴졌던 건 왜였을까요?
그날의 광장은 단순히 무능하고 부패한 정권에 분노하는 공간이 아니었습니다. 그건 '정의'와 '상식'이라는, 말하지 않아도 모두가 알고 있던 **공통의 감각**이 사람들을 연결한 순간이었습니다. 그리고 그 감각이 바로 **공**

동체의 감각입니다. 우리는 원래 알고 있었던 겁니다. 함께 모인다는 게 얼마나 큰 힘인지. 서로의 존재를 인정하고 책임지고 연결된다는 게 어떤 위로가 되는지.

어릴 적 우리는 그걸 자연스럽게 배웠습니다. "우리 엄마", "우리 반", "우리 집"이라는 말 속에는 '같이' 있다는 당연한 믿음이 있었습니다. 그 믿음이 어느새 '각자 살아남기'라는 구호에 밀려 조금씩 사라졌을 뿐입니다. 그런데 촛불의 밤은 그 감각을 다시 깨웠습니다. 누구도 쓰레기를 치우라고 지시하지 않았지만 사람들은 알아서 정리하고, 불편한 사람을 먼저 배려했습니다. 우리는 그날, 공동체란 제도가 아니라 **태도**에서 시작된다는 걸 스스로 보여주었습니다.

공동체는 우리가 함께 살아가는 이유이자 조건입니다. 민주주의는 그 공동체의 문화 속에서 자랍니다. 민주주의는 투표로만 작동하지 않습니다. 민주주의는 서로에 대한 신뢰, 책임, 존중, 배려 같은 **삶의 자세**에서 출발합니다. 만약 공동체 없는 민주주의라면, 그것은 껍데기일지도 모릅니다. 사람들이 서로 연결되지 않고 각자만을 위한다면 아무리 정교한 제도도 의미를 잃게 됩니다.

이 책에서 말하려는 **'분야자치'**라는 민주주의 모델도, 바로 그 공동체 위에서만 가능해집니다. 비슷한 관심과 가치를 가진 사람들이 스스로 모이고, 서로를 신뢰하며, 함께 책임지는 구조. 그것이 건강한 공동체이고 민주주의가 자라는 토양입니다.

저는 당신 안에도 그 감각이 여전히 살아 있다고 믿습니다. 아마도 지금 이 문장을 읽으며 아주 작게라도 "그래, 나도 그런 경험이 있었지" 하고 떠올리고 있을 겁니다. 당신이 친구의 말을 끝까지 들어주었던 날, 직장에서 새내기의 아이디어를 존중했던 날, 엘리베이터 문을 열어주며 스치듯 미소를 건넸던 날. 그 모든 소소한 순간들이 모여 공동체가 됩니다. 그리고 그것이 바로 **살아 있는 민주주의**입니다.

우리는 지금 그 기억을 다시 불러오는 중입니다. 단지 과거를 복원하는 것이 아니라, 새로운 시대에 어울리는 공동체의 형태를 함께 만들어가려는 여정입니다. 민주주의는 결국 깨어 있는 개인들이 서로를 잊지 않을 때, 서로를 향해 손을 내밀 때, 그때 비로소 자라납니다. 그 시작은 거창한 행동이 아니라, 오늘 당신이 누군가를 바라보는 그 시선 하나, 그리고 '우리'라는 단어를 다시 떠올리는 그 마음 하나면 충분합니다.

제5장 요약

공동체, 민주주의의 토양

1. 현대인의 고립된 일상
- "나만 잘하면 돼"라는 각자도생의 삶이 **외로움과 단절**을 낳는다.
- 고립은 민주주의의 에너지를 약화시킨다.

2. 촛불혁명은 살아 있는 공동체의 증거
- 2016년 광장은 누가 시켜서가 아니라 **자발적으로 모인 시민들의 공명**
- **지도자도 지시도 없이** 질서를 유지하고 서로 배려한 경험

3. 공동체는 태도에서 시작된다
- 공동체는 제도 이전에 **서로를 향한 마음과 책임감**에서 비롯된다.
- '우리'라는 감각은 어릴 적부터 자연스럽게 학습되어 왔던 내면의 감정이다.

4. 민주주의는 공동체 문화 속에서 자란다
- 민주주의는 투표만으로 완성되지 않는다.
- **신뢰, 존중, 배려, 연결감** 같은 공동체적 삶의 자세가 필수다.

5. 분야자치는 공동체 기반 민주주의

- 관심과 가치를 공유한 사람들이 스스로 모여 **분야별 자치를 실현한다.**
- 분야자치는 깨어 있는 공동체 위에서만 가능하다.

6. 일상의 배려가 민주주의의 시작

- 친구의 말을 경청한 순간, 문을 열어준 미소 하나가 **민주주의의 실천이다.**
- 살아 있는 민주주의는 **소소한 일상의 관계**에서 자라난다.

제6장

의식은 에너지이며, 민주주의는 깨어남의 구조이다

이제 이 책의 여섯 번째 문을 함께 열 시간입니다. 제5장에서는 한국 사회 속에서 공동체가 어떻게 살아 움직이고 있었는지를 살펴보았습니다. 누가 시켜서가 아니라 스스로 일어난 사람들, 함께 촛불을 들고 광장에 모였던 시민들 말입니다. 그들은 단순히 어떤 목적을 가진 집합체가 아니라, 저마다의 '의식'이 깨어 있었기에 함께 공명할 수 있었던 존재들이었습니다.
이 장에서는 '깨어 있는 의식'이 도대체 무엇인지, 왜 그것이 민주주의와 깊이 연결되는지를 조금 더 본격적으로 이야기해 보려 합니다.

의식은 '정신'이 아니라 '에너지'다

의식이라는 말을 들으면, 우리는 흔히 머릿속 생각, 즉 사고 활동을 떠올립니다. 하지만 저는 감히 다른 관점을 제안하고 싶습니다.

"의식은 에너지입니다."

이 말이 낯설게 들릴 수도 있습니다. "정신이 어떻게 에너지일 수 있지?" 하고 고개를 갸웃하실지도 모르겠네요. 하지만 우리는 이미 일상에서 이 에너지의 존재를 직관적으로 경험하고 있습니다.

밝고 긍정적인 사람 곁에만 있어도 괜히 마음이 편해지고 힘이 나는 경우가 있지 않으신가요? 반대로, 늘 불만이 가득한 사람과 함께 있으면 몹시

피곤해지고 기분이 가라앉곤 합니다. 이것은 단지 '분위기'나 '감정'의 문제가 아닙니다. 우리가 서로에게 내보내고 받아들이는, 아주 실제적인 **의식의 에너지 흐름**입니다.

이 개념은 단지 감성적인 표현에 머물지 않습니다. 아인슈타인이 밝힌 'E=mc²'의 공식, 즉 모든 물질은 에너지의 다른 형태일 뿐이라는 물리학적 통찰은, 인간의 '의식' 또한 단순한 뇌 속 활동이 아닌 **정교하고 미묘한 에너지의 진동**일 수 있다는 가능성을 열어줍니다. 실제로 뇌파나 자기장 측정을 통해 이 에너지의 흔적을 과학은 조금씩 확인해 나가고 있습니다. 동양의 전통에서는 이를 오래전부터 '기(氣)'라고 불러왔죠. 기는 생명의 흐름이자, 내면의 상태에 따라 달라지는 살아 있는 힘입니다. 우리의 기분, 분위기, 아우라, 심지어 영감 같은 것들, 이 모두가 어쩌면 의식의 에너지라는

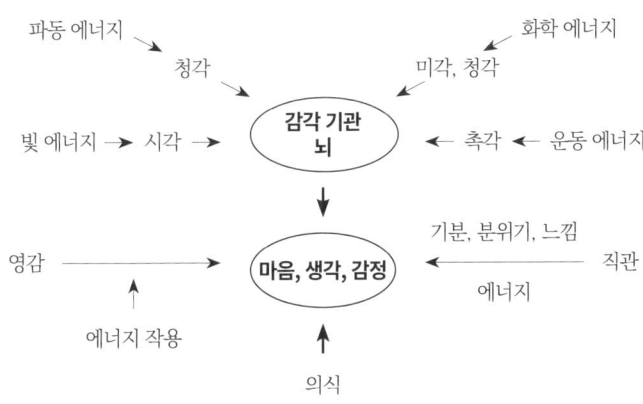

▲ 에너지와 의식의 관계

이름으로 다시 연결될 수 있습니다.

오감은 외부 자극이라는 에너지를 받아들이고, 감각기관과 뇌를 통해 생각, 감정, 마음의 형태로 나타납니다. 한편, 직관이나 영감처럼 또 다른 형태의 에너지도 존재합니다. 이러한 에너지는 기분, 분위기, 느낌 등의 파동으로 들어와 의식을 통해 인지되며, 마찬가지로 생각과 감정, 마음으로 드러납니다. 결국 의식 또한 에너지이며, 우리 내면에서 일어나는 모든 인식과 반응은 다양한 에너지의 흐름과 작용이라 할 수 있습니다. (생각과 감정은 생겼다가 없어지는 것으로 내가 감지하는 내면의 에너지 반응이고, 이를 감지하고 바라보는 의식이 나를 이루는 근본이라 할 수 있습니다. 그래서 의식이 성장해야 하는 것입니다.)

의식이 깨어날 때 사람은 달라진다

한번 곰곰이 생각해 보세요. 가장 당신다웠던 순간, 생기가 돌고 두려움 없이 앞을 향해 나아가던 때의 당신은 어떤 상태였나요? 아마도 뚜렷한 목적이 있었거나, 사랑하는 일을 하던 때였을 가능성이 높습니다. 그때 우리는 더 이상 머뭇거리지 않고, 자연스럽게 타인을 배려하고, 나보다 더 큰 가치에 집중하게 됩니다. 이것이 바로 **의식의 에너지가 상승한 상태**입니다.

반대로, 불안하고 무기력하며, 온통 비교와 걱정으로 머리가 복잡했던 때는 어떠했나요? 그 순간의 우리는 자꾸 움츠러들고, 예민해지고, 타인에게 날카로워집니다. 의식의 파동이 낮아진 상태에서 세상은 어두워 보이고 문제는 더 커 보입니다.

미국의 정신과 의사 데이비드 호킨스 박사는 의식의 수준을 수치화해 이런 상태들을 잘 설명해 놓았습니다. 수치심이나 죄책감은 가장 낮은 에너지 상태인 20~30 수준, 사랑은 500, 평화는 600에 이르죠. 그의 이론이 과학적으로 완전하다고 말할 수는 없지만, 우리 모두는 이 수치가 의미하는 삶의 질 차이를 실감할 수 있습니다.

이 책에서 저는 단호하게 말하고 싶습니다. **"당신의 의식이 바뀌면 당신의 삶이 바뀝니다. 그리고 깨어 있는 당신이 늘어나면 세상이 바뀝니다."**

의식을 바꾸는 건 거창한 수련이 아니다

그렇다면, 어떻게 의식의 에너지를 높일 수 있을까요? 이것은 멀리 있는 진리도, 복잡한 수행도 아닙니다. 아주 작은 변화에서부터 시작할 수 있습니다.

- 아침에 이불을 개는 단순한 습관 하나
- 햇빛을 받으며 짧게 걷는 산책
- 감사한 것 한 가지를 적는 짧은 메모
- 누군가의 말에 조금 더 귀를 기울이는 태도

이것은 의식을 바꾸는 일상의 **'내면 혁명'**입니다. 그리고 이 혁명이 지속되면, 어느 순간 당신은 이전과는 완전히 다른 감각으로 세상을 느끼고 있을 겁니다.

민주주의는 깨어 있는 사람들의 공명이다

자, 이제 다시 민주주의 이야기로 돌아가 봅시다. 우리가 지금까지 '의식'에 대해 이야기한 것은 결코 개인적인 차원의 행복을 위한 것이 아닙니다. 의식은 '파동'이기에, 깨어 있는 사람들이 서로 만나게 되면 더 큰 공명(共鳴)이 일어나기 때문입니다. 이 공명은 어떤 결정이나 명령보다 강력합니다. 깨어 있는 사람들이 모여 서로 공감하고, 진심으로 의견을 나누며, 미래를 고민할 때, 거기서 나오는 **창의성과 힘은 상상을 초월합니다.** 이것이 바로 **민주주의의 진정한 힘**입니다.

국가란 단순한 시스템이 아닙니다. 제3장에서 이야기했듯이, **살아 있는 생명체**입니다. 그리고 그 생명체를 구성하는 모든 세포들, 즉 우리 한 사람 한 사람이 의식적으로 깨어 있을 때 국가는 '생명'의 힘으로 움직이기 시작합니다. 깨어 있는 의식들이 공명하는 사회. 깨어 있는 시민들이 자율적으로 움직이는 구조. 바로 이것이 **'생명 민주주의'**입니다. 하나하나의 작은 파동이 모여 거대한 바다의 파도가 되듯, 우리의 깨어 있는 의식이 모이면 생명 민주주의가 됩니다.

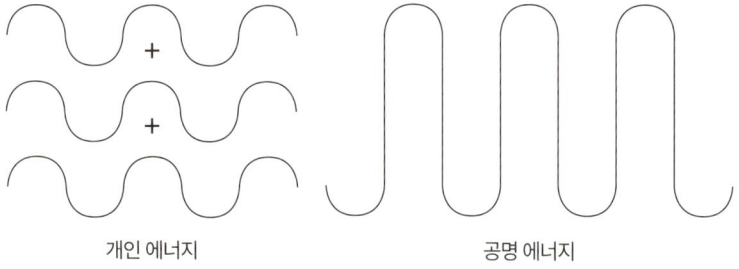

▲ 개인 의식과 공명

기존 민주주의 vs 생명 민주주의 비교

구분	기존 민주주의	생명 민주주의
철학적 기반	자유와 권리 중심, 개인의 이익 보호	의식과 조화 중심, 생명의 연결과 공동체 지향
운영 구조	대표자 선출 후 위임(국회 중심)	분야별 참여와 자율 운영(분야자치 중심)
참여 방식	선거 중심, 4년에 한 번 투표	일상적 참여, 지속적 의사 표현 및 실행 참여
참여 주체	유권자(시민은 수동적)	의식 있는 존재로서의 시민(능동적 참여자)
권력 구조	위계적(중앙정부 중심)	분산적·유기적(각 분야가 자율적 역할 수행)
의사결정 방식	다수결, 정당 중심	공감 기반 합의, 의식의 공명과 숙의
정치의 목적	통치와 관리, 사회 질서 유지	생명력 증진과 공동체 진화
가치 지향	법과 제도 중심, 규제·감시	신뢰와 공명 중심, 자율과 책임
시민의 역할	투표, 시위, 청원 등 외부적 참여에 그침	정책 설계, 실행, 평가까지 전 과정 참여
문제 해결방식	갈등의 조율보다 승패 위주	갈등을 통한 의식 성장, 전체 조화 우선
사회상	경쟁과 성장 중심 사회	조화와 순환 중심 사회
경제관	소득 중심의 자본주의	순환 중심의 생명 경제(기여와 분배의 재정의)
교육관	지식 주입, 결과 중심	의식 성장, 존재 중심 교육
결과	제도는 있으나 공동체 붕괴 가능	제도와 공동체가 함께 진화

기존 민주주의가 제도와 대표 중심의 형식적 참여를 강조했다면, 생명 민주주의는 의식과 공동체 중심의 자율적 참여를 지향합니다. 이는 시민 한 사람 한 사람이 깨어 있는 존재로서 정치의 주체가 되어 삶과 사회를 함께 진화시켜 나가는 새로운 민주주의입니다.

다음 장에서는, 깨어난 의식들이 어떻게 교육, 경제, 생태, 사회 시스템 전반에 스며들 수 있는지를 함께 상상해 보려고 합니다. 하지만 그 전에, 이 한 문장을 마음에 담아 두셨으면 합니다.

"민주주의는 제도가 아니라 의식의 상태다."

그리고 당신이 지금 그 깨어남의 일부가 되어 있다는 사실을 잊지 마세요.

제6장 요약

의식은 에너지이며, 민주주의는 깨어남의 구조이다

1. 의식은 생각이 아니라 에너지

- 의식은 단순한 사고나 정신 활동이 아닌 **파동성과 진동을 가진 에너지다.**
- 한 사람의 상태가 주변에 영향을 미치며 **서로 공명하는 실체다.**

2. 에너지로서의 의식이 삶을 바꾼다

- 의식이 높아지면 삶에 생기가 돌고, 타인과의 관계도 조화로워진다.
- 낮은 의식은 두려움, 비교, 공격성을 유발한다.

3. 의식 성장은 작은 습관에서 시작

- 명상, 감사, 경청, 산책, 감정 일기 등 **일상의 작은 실천**이 의식을 끌어올린다.
- 거창한 수행보다 **지속 가능한 내면 습관**이 중요하다.

4. 민주주의는 깨어 있는 의식의 공명

- 민주주의는 제도 이전에 **의식의 집합 에너지다.**
- 깨어 있는 시민들의 공명이 정치적 구조를 바꾸는 힘이 된다.

5. 생명 민주주의=의식 기반 사회

- 제도적 통제보다 **깨어 있는 시민들 간의 자율적 공명 구조**
- 분야자치, 교육·경제 모두 깨어 있는 의식의 기반 위에서 설계되어야 한다.

6. 결론

- 민주주의는 제도가 아니라 **의식의 상태다.**
- 지금 깨어 있는 당신이 바로 **새로운 구조의 일부다.**

제7장

분야자치

세포처럼 살아 있는 민주주의

지금부터 말씀드릴 이야기는 조금 낯설게 들릴 수도 있습니다. 하지만 이 책을 이만큼 읽었다면, '국가를 생명체처럼 이해한다'는 생각에 어느 정도 익숙해지셨으리라 믿습니다. 우리가 살아 있는 존재로서, 건강한 생명으로서의 국가를 꿈꾼다면 그 몸을 이루는 세포들, 바로 우리 각자의 역할과 참여 방식도 그렇게 살아 움직여야 합니다. 이것이 지금부터 설명할 **'분야자치'**의 핵심입니다.

분야자치는 왜 필요한가?

기존의 대의민주주의를 떠올려보면, 국회라는 하나의 머리에서 모든 결정을 내리는 구조입니다. 교육, 의료, 외교, 국방, 환경, 경제까지…. 뇌가 심장의 박동부터 위장의 소화작용, 근육의 움직임까지 모두 통제하는 셈입니다. 생명체는 그렇게 움직이지 않습니다. 심장은 박동에만 집중하고, 위장은 소화에만 충실합니다. **자율성과 조화**, 이것이 생명체의 운영 방식입니다.

우리가 민주주의를 '살아 있는 것'으로 이해한다면, 정치도 똑같이 바뀌어야 합니다. 그래서 제안하는 것이 바로 분야자치입니다.

"어떤 분야를 내가 맡는다"는 의미

분야자치는 국가를 분야별로 나누고, 각 분야에 관련된 시민들이 직접 참여해 정책을 논의하고 결정하는 구조입니다. 예를 들어, 교육 분야는 교사, 학부모, 학생, 교육에 관심 있는 모든 사람이 함께 참여합니다. 의료나 환경, 국방, 외교 등 다른 분야들도 마찬가지입니다.

여기서 중요한 점은 이 참여가 '선택'이 아니라는 것입니다. 생명체에서 세포가 자기 일을 하지 않으면 그 조직은 병들게 됩니다. 마찬가지로, 분야자치는 우리 모두 '한 분야 이상' 반드시 참여해야 하는 의무입니다. 하지만 강요가 아니라 자연스러운 생명 활동으로 이해되었으면 합니다. 마치 숨 쉬는 것처럼 말입니다.

두 가지 트랙 - 특별 분야와 일반 분야

모든 분야의 중요도가 같을 수 없다는 점을 고려해야 합니다. 예를 들어, 국방이나 의료는 누구에게나 중요한 '생명선'입니다. 반면, 예술이나 체육 같은 분야는 개인의 관심에 따라 참여할 수 있습니다. 그래서 분야자치는 **'두 가지 트랙 구조'**로 구성됩니다.

1. 특별 분야자치

여기에 해당하는 분야는 교육, 의료, 국방, 외교, 경제 등입니다. 이 중에서 최소한 하나는 반드시 선택해야 합니다. 왜냐하면 이 분야들은 생존과 직결되기 때문입니다. 학교를 다니거나 보내고, 병원에 가고, 세금을 내고, 나라가 전쟁에 휘말릴까 걱정하는 그 모든 일이 이 안에 포함됩니다.

2. 일반 분야자치

환경, 문화, 노동, 예술, 체육 등 관심 있는 영역을 자유롭게 선택하여 참여할 수 있습니다. 예를 들어, 환경 문제에 관심이 많다면 그 분야를 선택할 수 있고, 예술을 사랑하는 분은 문화 분야에 참여할 수 있습니다.

이 방식은 각자가 '내가 책임지는 분야'를 하나쯤 갖고 살아가자는 제안입니다. 너무 많지도, 너무 적지도 않게 나의 정체성을 사회 속에서 구체화하는 방법입니다.

운영은 어떻게 할까?

각 분야는 두 층으로 운영됩니다.

1. 일반 시민 참여층

누구나 참여할 수 있는 층입니다. 문제 제기, 의견 제시, 토론, 투표, 정책 감시 등 All welcome입니다. 예를 들어 "우리 동네 중학교의 급식은 너무 짜요"라는 문제 제기도 훌륭한 참여입니다.

2. 운영위원회

약간의 자격이 필요한 층입니다. 해당 분야에 일정한 경력이나 활동 경험이 있는 분들이 책임지고 정책을 설계합니다. 선출직이 아니라 자격 기반입니다. 박사학위가 없어도 괜찮습니다. 오랫동안 교육 운동을 해온 학부모, 현장의 교사도 충분히 운영위원이 될 수 있습니다.

이 시스템은 '권력의 집중'을 방지하면서도 '전문성'을 놓치지 않는 구조입니다. 그리고 만약 운영위원이 부적절한 행동을 한다면 시민들이 그 사람을 해임할 수도 있습니다. 책임과 자율, 그 균형을 중요하게 여기는 구조입니다.

① 시민 참여자들은 의견을 제시하거나 아이디어를 제출하고, 이를 AI 플랫폼이나 실시간 참여 시스템을 통해 공유합니다.
② 제안된 의견들은 운영위원회에서 검토되고, 필요한 경우 분야 내 다양한 소위원회나 전문 그룹이 이를 숙의·조정합니다.
③ 운영위원회는 의견을 종합하고, 그 결과를 참여자 전체에게 다시 환류하여 투표나 합의 절차를 통해 최종 결정을 내립니다.

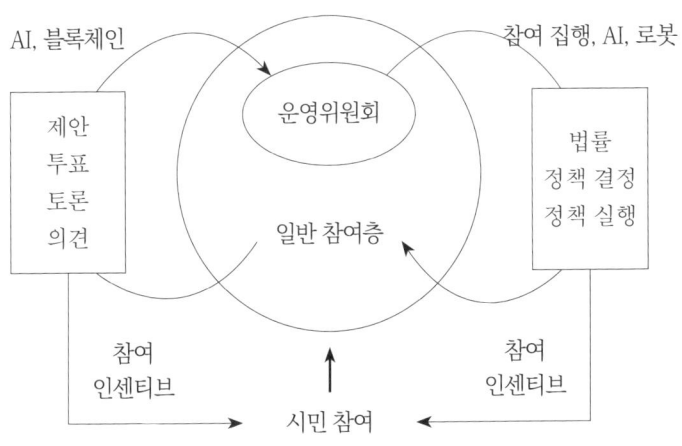

▲ 분야자치의 운영 구조와 작동 원리

④ 결정된 사항은 **실행 주체(행정 실무팀 등)**를 통해 실행되며, 결과는 다시 시민과 공유되어 순환 구조를 형성합니다.

이 구조는 '제안 → 숙의 → 결정 → 실행 → 피드백'의 순환을 통해 시민이 단순한 청원이 아니라 실질적인 공동 정책 생산자로 작동하도록 설계된 참여 중심의 민주적 생명 시스템입니다.

분야 간 갈등은 진화의 재료다 - 조율의 민주주의

분야자치가 자율적이고 독립적으로 운영되면, 각 분야는 자신만의 언어와 관점을 형성하게 됩니다. 그것은 매우 바람직한 일입니다. 다양한 시각과 전문성이 축적될수록 사회는 더 풍부해지고 정밀해지기 때문입니다. 하지만 동시에 분야 간에는 필연적으로 충돌이 발생합니다.

예를 들어, 환경 분야는 탄소 배출을 줄이기 위해 산업을 규제하자고 말할 것이고, 산업 분야는 일자리와 수출을 위해 규제를 완화하자고 주장할 것입니다. 국방과 복지, 교육과 경제, 예술과 법률 등 거의 모든 영역이 충돌의 지점을 갖고 있습니다. 이런 상황에서 단일한 시각이나 강압적 조정만으로는 조화로운 해법을 찾기 어렵습니다. 그래서 필요한 것이 바로 **'조율의 민주주의'**입니다.

생명 민주주의에서 갈등은 제거되어야 할 장애물이 아니라 진화를 위한 재료입니다. 조율은 그 재료를 가공하여 더 높은 차원의 통합으로 나아가게 하는 힘입니다. 이 조율은 단순한 중재나 타협이 아니라, 서로 다른 입장들이 공명하며 더 넓은 시야를 획득해 가는 집단적 학습의 과정입니다.

이러한 조율이 건강하게 작동하려면 몇 가지 원칙이 필요합니다.
① **단계성**: 조율은 우선 각 분야 내부에서 시작되어야 하며, 그다음 분야 간 협의로 넘어가고, 필요할 때는 국가 단위 조정 혹은 전 국민 참여로 확장될 수 있어야 합니다.
② **투명성**: 조율의 모든 과정은 공개되어야 하며, 다른 분야의 시민도 언제든 의견을 제시할 수 있어야 합니다.
③ **집단지성**: 제3자의 시각과 시민 전체의 판단이 반영되면서 이기적인 판단을 넘어서게 됩니다.
④ **진화성**: 단순한 승패나 양보가 아니라, 서로를 이해하고 자기 인식을 넓히는 의식적 성장의 구조로 설계되어야 합니다.

이를 위해 우리는 '**자율조율위원회**'와 같은 중립적 구조를 상상할 수 있습니다. 이 기구는 위계적 명령을 내리는 기관이 아니라, 다양한 시각을 연결하고 공감을 촉진하며 균형 있는 판단을 유도하는 의식 기반의 중재 플랫폼입니다.
또한 기술도 중요한 도구가 됩니다. AI 기반 토론 요약 시스템, 의견 유사도 클러스터링, 실시간 시각화, 블록체인 기반 참여 기록 등을 통해 수많은 사람들의 의견을 정제하고 분산된 의식을 하나의 흐름으로 통합할 수 있습니다.
이러한 방식의 조율은 단지 갈등을 해결하는 기술이 아닙니다. 그 자체가 민주주의의 또 다른 얼굴입니다. 판결이 아닌 공감, 명령이 아닌 공명, 통제가 아닌 연결로 이루어진 민주주의. 이것이 바로 생명 민주주의가 그리는 새로운 정치의 모습입니다.

어떤 분야는 커지고, 어떤 분야는 사라진다

"어떤 분야는 인기가 많고, 어떤 분야는 아무도 참여하지 않으면 어떡하죠?" 이런 걱정을 할 수도 있습니다. 그런데 그것은 오히려 자연스러운 현상입니다. 기후 위기로 환경 분야에 관심이 쏠리면 참여자가 늘고, 정책 영향력도 커지고, 예산도 늘어납니다. 반면, 점점 사라지는 산업 분야는 참여자도 줄고 자연스럽게 다른 분야와 통합되거나 소멸하게 됩니다. 살아 있는 생명체가 그렇듯 민주주의도 그렇게 '살아 움직여야' 합니다.

다만, 일부 필수 분야, 예를 들어 농업, 국방, 의료 등은 참여가 적더라도 기본적인 예산과 지원은 국가가 반드시 보장해야 합니다. 이것은 마치 심장이나 폐처럼 '항상 일정한 에너지를 공급받아야 하는' 장기이기 때문입니다.

지금까지의 내용을 정리해 보면 다음과 같습니다.
- 분야자치는 참여의 자유가 아니라 생명 활동입니다.
- 한 사람이 한 분야 이상은 책임져야 합니다.
- 관심과 전문성에 따라 자율적으로 참여 구조가 만들어집니다.
- 갈등은 피할 대상이 아니라, 성숙한 공동체가 서로 간에 다리를 놓을 수 있는 기회입니다.

- 성장하는 분야는 자원을 더 얻고, 자연스럽게 사라지는 분야는 다른 방식으로 통합됩니다.

이제 우리는 '살아 있는 민주주의'가 어떤 모습일지 조금 더 또렷하게 상상할 수 있습니다. 다음 장에서는 이상적인 구조가 실제 현실에서 어떻게 뿌리내릴 수 있는지를 함께 고민해 보겠습니다.

제7장 요약

분야자치

1. 기존 대의제의 한계
- 국회가 모든 분야를 통제 → **중앙집중, 비효율, 탈현장성**
- 살아 있는 생명체라면 **자율성과 분화된 기능**이 필수다.

2. 분야자치란 무엇인가?
- 국가를 분야별로 나누고, 해당 분야 시민이 직접 참여·결정한다.
- 참여는 선택이 아닌 **생명체로서의 자연스러운 의무다.**

3. 분야자치의 구조: 두 가지 트랙 모델
(1) 특별 분야자치(필수 참여)

교육, 의료, 국방, 외교, 경제 등 **모든 시민이 최소 1개 이상 참여한다.**

(2) 일반 분야자치(자율 참여)

환경, 예술, 체육, 문화, 인권 등 **관심 기반 선택이 가능하다.**

4. 운영 방식
- **일반 시민 참여층:** 누구나 제안, 토론, 감시가 가능하다.

- **운영위원회:** 자격 기반 참여(전문성·경험 중시, 선출 아님)
- 부적절한 운영자는 시민의 판단에 따라 **축출이 가능하다.**

5. 갈등 조정과 변화 수용

- 분야 간 갈등은 **협의와 공감, 공동체 관점으로 해결한다.**
- 어떤 분야는 성장하고, 어떤 분야는 자연스레 소멸한다 → **유기적 진화 구조**

6. 핵심 원칙 정리

- 참여는 **권리이자 생명 활동**
- 모든 시민은 **한 분야 이상 책임**
- 구조는 **전문성과 자율성의 균형**
- 갈등은 **성숙한 공동체가 조율**
- 분야는 **관심과 시대에 따라 유동적**

7. 결론

- 분야자치는 기계적 국가를 생명체 국가로 바꾸는 핵심 장치다.
- 세포처럼 깨어 있는 **시민이 스스로 작동하는 민주주의의 심장이다.**

제8장

어떻게 시작할 것인가?

생명 민주주의의 실행 원리

자, 여기까지 읽었다면 아마 이렇게 물으실 수도 있습니다.

"좋아요, 지금까지 이야기한 거를 다 이해했습니다. 그런데 도대체 이게 현실에서 가능하긴 한 건가요?"

이제 중요한 건 실행입니다. 철학은 멋지고 비전도 아름답습니다. 그런데 여기서 멈추면 그냥 이상이 되고 맙니다. 살아 있는 민주주의가 되려면 이제 움직이는 민주주의로 전환되어야 합니다.

그런데 처음부터 전 국가를 뒤흔들 필요는 없습니다. 모든 생명체가 하나의 세포에서 시작하듯, 우리는 언제나 '작은 것'에서부터 시작할 수 있습니다. 민주주의는 거창한 헌법 개정이나 혁명만으로 움직이지 않습니다. 오히려 조용한 일상의 작은 실험들이 민주주의를 현실로 바꾸는 가장 강력한 힘이 됩니다.

1. 작은 단위에서 시작하라 - 살아 있는 실험의 힘

예를 들어, 동네 도서관이 있습니다. 평소에는 그냥 책만 빌리는 공간이었습니다. 그런데 그곳에 "우리가 이 동네에서 제일 걱정되는 게 무엇입니까?"라고 묻는 소모임 하나가 만들어졌다고 해봅시다. 주민들이 모여서 이런저런 이야기를 나누고, "요즘 아이들은 스마트폰 중독이 너무 심한 것

같습니다"라는 공감이 생겼습니다. 그러면 그것을 해결하는 작지만 실행 가능한 방법이 나옵니다. 예를 들어, '디지털 디톡스 주말 캠프'를 기획하고, 지역 청소년센터와 협력해서 실행에 옮깁니다.

이것은 단순한 프로그램이 아닙니다. 깨어 있는 의식이 실행으로 옮겨진 것입니다. 그리고 여기서부터 민주주의가 시작됩니다. 작을수록 유연하고 실패해도 회복이 쉽습니다. 또한 참여의 진입장벽도 낮습니다.

"살아 있는 민주주의는 작게 태어나 자라난다." 이것이 첫 번째 원칙입니다.

2. 자기 자리에서 먼저 깨어나라 - 내 자리의 민주주의

"내가 무엇을 할 수 있을까?"라고 묻기 전에, **"내 자리에서 깨어 있는가?"** 를 먼저 묻는 것입니다. 생명 민주주의는 높은 자리에 있는 사람만의 것이 아닙니다. 오히려 나의 일상, 나의 직업, 나의 공간에서부터 출발해야 합니다.

내가 교사라면 교실이 민주주의 실험장이 될 수 있고, 회사원이면 회의 방식 하나 바꾸는 것부터가 출발점입니다.

- 팀 회의에서 "각자 의견부터 들어보겠습니다"라고 말하기
- 수업에서 "이 주제, 우리가 함께 정해보자"라고 제안하기
- 구성원들이 돌아가며 회의 주재하기
- 회의록 작성을 순번으로 돌리기

이런 작지만 구조를 흔드는 변화가 '민주주의적 감각'을 불러옵니다. 그

감각이 생기면 의식이 깨어나고, 깨어난 사람은 반드시 변화를 시도하게 되어 있습니다. 결국 깨어 있는 사람 한 명이 공동체 전체의 변화를 이끌 수 있습니다.

3. 실패를 두려워하지 말고 피드백 구조를 만들라

생명체는 수없이 실패하면서 성장합니다. 그런데 우리 사회는 실패를 너무 두려워합니다. 정치든 행정이든 기업이든 "틀리면 안 된다", "문제가 생기면 책임져야 한다"는 분위기가 강합니다. 이런 분위기에서는 아무도 민주주의적 실험을 하지 않습니다.

하지만 살아 있는 구조에서는 정답보다 과정이 더 중요합니다. **'실행 → 평가 → 수정 → 재실행'**이라는 루프가 반복될 수 있도록 설계되어야 합니다. 여기에 사람들의 의견과 감정, 공감이 함께 녹아든다면 그것이 바로 생명 민주주의의 시작입니다.

실패를 허용하는 구조가 있어야 변화는 지속될 수 있습니다. 실패는 멈춤이 아니라 성장의 일부입니다.

4. 공명 구조를 만들어라 - 함께 깨어나는 힘

혼자 깨어 있는 것은 매우 힘든 일입니다. 계속 외치기만 하다 지칠 수도 있습니다. 그래서 우리는 '공명 구조'를 만들어야 합니다. 공명이란 깨어 있는 사람들끼리 서로의 의식을 울리고 연결되는 것입니다.

그 출발은 소모임입니다. 같은 문제의식이 있는 몇 사람이 모이면 그곳에 공감이 생기고, 실행이 일어나며, 그 실행이 또 다른 사람을 부릅니다. 이는 단순한 커뮤니티가 아니라 의식의 생태계입니다.

공명은 살아 있는 민주주의의 근육입니다. 개인의 각성이 집단의 각성으로 이어지고 그것이 사회의 변화를 이끕니다.

5. 작은 분야에서부터 시작하라 - 단일 분야자치 실험

모든 분야를 한꺼번에 바꾸는 것은 어렵습니다. 그래서 단 하나의 분야, 하나의 지역, 하나의 주제부터 시작하는 것이 중요합니다.

예시 1) 동네 교육 분야자치

학부모, 교사, 전문가들이 모여 '학원 없는 마을교육'을 설계해 보는 것입니다. 단순한 토론이 아니라 실제로 방과 후 프로그램을 기획하고, 예산을 배정받고 실행해 보는 것입니다.

예시 2) 청년 주거 분야자치

청년, 건축가, 기획자가 함께 임대주택 정책을 실험해 보는 방식도 있습니다. 실제 청년들의 니즈를 조사하고, 임대료 적정선을 논의하고, 시범 사업을 제안하는 것입니다.

이러한 작은 실험이 실제 정책과 조례로 연결될 수 있습니다. 마치 하나의 작은 생명체가 탄생하듯 작고 구체적인 단위에서 분야자치가 시작됩니다.

6. 기존 제도를 활용하라 - 씨앗은 낯선 곳에서 자란다

새로운 구조를 만들기 위해 기존의 제도를 모두 없앨 필요는 없습니다. 오히려 기존 제도를 '차용'하거나 '개조'하는 방식이 훨씬 효율적일 수 있습니다.

- **주민참여예산제**: 단순한 의견 수렴을 넘어서 '분야자치 운영단 훈련 공간'으로 전환한다.
- **시민참여단이나 청년정책네트워크**: '실제 실험장'으로 운영 방식을 변경한다.
- **기존 위원회나 협의체**: 생명 민주주의 원리를 적용한 운영 방식을 도입한다.

이것은 기존 시스템 안에 새로운 세포를 이식하는 방식입니다. 낯설고 미약해 보여도 점차 구조 전체를 바꾸는 촉진제가 됩니다.

7. 기술은 도구일 뿐, 중심은 의식이다 - AI와 블록체인의 역할

많은 분들이 묻습니다. "그 많은 시민들의 의견을 어떻게 모으고 정리합니까?" 맞습니다. AI와 블록체인은 민주주의를 가능하게 만드는 중요한 열쇠입니다. 수천만 명의 시민이 동시에 의견을 내고, 실시간으로 요약되고 구조화되어 곧바로 투표와 피드백으로 연결되는 살아 있는 민주주의는 기술 없이는 불가능합니다.

하지만 기술은 어디까지나 도구입니다. 기술은 '손과 발'이지 '두뇌'가 아닙니다. 중요한 건 기술을 통해 깨어나는 시민의 의식입니다. 그러므로 우리가 신뢰해야 할 것은 기술 그 자체가 아니라 그 기술을 통해 연결된 사람들의 집단지성입니다.

8. 생명처럼 자라나는 분야자치 - 단계적 진화

분야자치는 단번에 완성되는 제도가 아닙니다. 시민의 참여 수준, 기술의 성숙도, 내부 자율성에 따라 점진적으로 진화하는 살아 있는 구조입니다. (부록 2-1. 분야자치의 5단계 진화 모델 참조) 이 전환은 누군가의 명령이 아니라, 자연스러운 참여와 데이터의 흐름, 피드백에 따라 이루어집니다. 필요하다면 되돌아갈 수도 있는 유연한 구조입니다.

9. 제도와 행정을 '의식 생태계'로 전환하라

작은 실험들이 누적되고 확장되면 결국 기존의 행정 및 정치 시스템과 마주하게 됩니다. 이때 우리가 가져야 할 태도는 '기존을 무너뜨리기'가 아니라 **'기존을 전환하자'**입니다.

행정은 통제자가 아니라 **지원자**, 정치는 경쟁자가 아니라 **공명 조율자**가 되어야 합니다. 예산을 배정할 때도 "얼마나 이익이 되는가?"보다 "어떤 의식에서 나왔는가?"를 먼저 물어야 합니다. 이것이 생명 민주주의의 관점 전환입니다.

10. 지구적 연대 - 생명 민주주의의 확산

우리가 추구하는 생명 민주주의는 우리나라만의 구조가 아닙니다. 인간이 생명체라면 국가도 생명체이며, 전 지구가 하나의 유기체로 연결될 수 있습니다.

하지만 현실은 국가마다 의식의 수준과 생존 조건이 다릅니다. 어떤 나라는 시민 참여가 활발하지만, 어떤 나라는 아직 생존이 우선입니다. 따라서 확산은 의식 수준과 사회 조건에 맞게 단계적으로 접근해야 합니다.

- **깨어난 나라**: 분야자치의 평화로운 모델을 제시하여 자발적 확산 유도
- **깨어나지 않은 나라**: 교육, 기술, 자원 공유를 통한 연대적 지원

이 모든 것은 위계적 구호가 아니라, 생명을 향한 평등한 손 내밀기여야 합니다. 그리고 그것이 지구 민주주의의 시작입니다.

마무리 - 당신이 바로 시작점이다

국가는 어느 날 갑자기 '생명'이 되지 않습니다. 그것은 시민 한 사람, 하나의 작은 모임, 하나의 지역 실험에서부터 시작됩니다. 의식이 깨어난 개인이 모여 연결되고 공명하며 살아 있는 실천을 통해 구조를 바꿔 갑니다. 그 시작은 거창하지 않아도 됩니다. 오히려 작고 구체적이며 진심 어린 실천에서 비롯됩니다.

오늘 당장 할 수 있는 것들은 다음과 같습니다.
- 직장에서 회의 방식 하나 바꿔보기
- 동네에서 같은 관심사를 가진 사람 몇 명과 소모임 만들기
- 기존에 참여하던 단체나 모임에서 새로운 운영 방식 제안해 보기
- 지역의 시민단체 활동에 참여해 보기

어떤 방식이든 중요한 건 시작하는 것입니다. 그리고 그 첫걸음을 내디딜 사람은 바로 이 글을 읽고 있는 당신입니다.

분야자치는 그렇게 점진적으로 생명체처럼 끊임없이 확산되어, 지구의 의식을 연결하는 민주주의의 신경망이 될 것입니다.

제8장 요약

어떻게 시작할 것인가?

1. 작은 단위에서 시작하라

민주주의는 거대한 변화보다 **일상의 작은 실험**에서 시작된다.

예) 동네 도서관 소모임 → 디지털 디톡스 캠프 실행

2. 자기 자리에서 먼저 깨어나라

"내가 뭘 할 수 있을까?"보다 **"내 자리에서 깨어 있는가?"**를 먼저 질문하기

예) 회의 방식 바꾸기, 수업 주제 함께 정하기 등

3. 실패를 두려워하지 말고 피드백 구조를 만들라

실패는 성장의 일부다. 실행 → 평가 → 수정 → 재실행의 루프가 중요하다.

4. 공명 구조를 만들라

- 깨어 있는 사람들끼리 연결되어 의식의 생태계를 형성한다.
- **소모임이 출발점**이다.

5. 작은 분야에서부터 시작하라

하나의 주제나 지역에서 단일 분야자치 실험을 시작한다.

예) 학원 없는 마을교육, 청년 주거 실험 등

6. 기존 제도를 활용하라

기존 제도를 개조하거나 차용하여 새로운 실험의 기반으로 활용한다.

예) 주민참여예산제, 시민참여단 등

7. 기술은 도구일 뿐, 중심은 의식이다

AI와 블록체인은 집단지성의 도구일 뿐, **핵심은 깨어 있는 시민의 의식**이다.

8. 분야자치는 생명처럼 진화한다

1단계(관심 기반 참여) → 4단계(전국 확산)까지 점진적 진화.

9. 제도와 행정을 의식 생태계로 전환하라

행정은 통제자 아닌 지원자, 정치는 경쟁자 아닌 조율자로 전환한다.

10. 지구적 연대

생명 민주주의는 국경을 넘어선 연대다.

깨어난 나라: 모델 제시

깨어나지 않은 나라: 교육·기술 공유

제9장

AI 시대, 왜 분야자치인가?

우리는 앞선 장들에서 분야자치가 무엇인지, 그리고 그것을 어떻게 구현할 수 있는지 함께 살펴보았습니다. 이 장에서는 보다 본질적인 질문을 던지고자 합니다. 바로, "왜 지금 이 시대에 분야자치여야만 하는가?"라는 질문입니다.

우리는 지금 인류 역사상 가장 급격하고 복합적인 변화의 시기를 지나고 있습니다. 기술은 인간의 상상 속에서조차 낯설던 속도로 현실을 바꾸고 있고, 그에 따라 사회 구조, 경제 시스템, 심지어 인간의 일상적 감각마저 재구성되고 있습니다. 이 거대한 전환의 한복판에서 우리는 문명적 선택의 기로에 서 있습니다. 그 선택지 중 하나가 바로 분야자치입니다. 그것은 단순히 정치 체제를 바꾸자는 요구가 아닙니다. 우리가 어떤 문명을 만들어갈 것인가에 대한 물음이며, 생존과 번영을 가르는 결정적인 분기점입니다.

AI 기술의 발전은 눈부십니다. 우리가 일상에서 사용하는 번역기, 음성 인식, 챗봇 등은 이제 기술이 아니라 공기처럼 당연한 것이 되었습니다. 그러나 그 이면에는 인간의 노동을 대체하는 흐름이 빠르게 확산되고 있습니다. 자율주행차는 운전기사를 필요 없게 만들고, 알고리즘은 금융 분석

가나 기자보다 빠르고 정확한 판단을 내립니다. 병원에서는 AI가 의사의 보조자 수준을 넘어 진단의 주체로 자리 잡고 있습니다. 창작의 영역마저도 AI가 침범하고 있으며, 음악, 그림, 시나리오까지 인간과 경쟁하는 수준에 도달했습니다.

하지만 이 모든 변화는 기술 자체만의 문제가 아닙니다. 기술이 야기하는 변화는 사회적, 윤리적, 정치적 문제로 연결됩니다. 기후 변화, 팬데믹, 세계적인 불평등과 갈등, 정보 조작과 사회적 신뢰의 붕괴까지, 이러한 복합 위기들은 그저 개별 사안이 아니라, 서로 얽히고설킨 거대한 시스템의 균열입니다. 이 시스템 안에서 인간은 더 이상 기존의 방식으로 문제를 해결할 수 없습니다. 정보의 양이 너무 방대하고, 변화의 속도가 너무 빠르며, 그 복잡성이 인간의 인지 한계를 넘어서고 있기 때문입니다.

그럼에도 불구하고 우리의 정치 시스템은 여전히 느리고, 경직되어 있으며, 산업화 시대에 설계된 대의제 구조에 머물러 있습니다. 국회의원이 AI, 기후, 바이오 기술, 교육, 경제 등 모든 분야를 이해하고 결정해야 하는 구조는 시대착오적일 뿐만 아니라, 실제로 작동하지도 않습니다. 국민들은 4년 또는 5년에 한 번 투표권을 행사할 수 있을 뿐, 그 외의 시점에서는 대부분의 정책 결정에서 소외되어 있습니다. 즉, 기술은 21세기에 있고, 우리의 민주주의는 20세기 중반에 머물러 있는 셈입니다.

이 간극을 메우는 방식으로 분야자치는 등장합니다. 이는 각자의 전문성과 관심을 바탕으로, 시민과 전문가가 함께 정책을 만들고 실행하는 구조입니다. 교육 분야는 교육자와 학생, 부모가 주체가 되고, 의료는 의사와 간호사, 환자가 중심이 됩니다. 중요한 것은 이 참여가 제도적으로 보장된다는 점입니다. 참여가 단지 의견 개진에 그치는 것이 아니라, 실제 의사결정으로 이어지는 구조라는 것에 그 혁신성이 있습니다.

또한 분야자치는 AI 기술을 적극 활용합니다. 거대한 데이터를 분석하고, 다양한 의견을 조합하며, 정책 효과를 예측하고 조정하는 데 AI는 큰 도움을 줍니다. 그러나 최종 판단은 인간이 내립니다. AI는 도구이며, 우리는 그 도구를 통해 더 나은 결정을 내리는 것입니다. 인간의 직관과 윤리, 공동체 의식이 기술적 분석 위에 자리 잡는 구조, 이것이 바로 분야자치가 제안하는 새로운 의사결정 방식입니다.

AI가 일자리를 대체할 때, 우리는 단지 실업을 걱정할 것이 아니라 새로운 방식의 기여와 참여 구조를 만들어야 합니다. 예컨대 하루 8시간 노동이 아니라, 4시간의 유급 노동과 2시간의 분야자치 참여, 그리고 2시간의 자기계발로 이루어진 하루. 이런 삶은 더 지속 가능하며, 더 인간다운 삶의 형태가 될 수 있습니다. AI가 만들어낸 부가가치는 특정 기업의 주주가 아니라 사회 전체가 공유할 수 있어야 하며, 이를 위한 제도적 틀 또한 분야자치를 통해 마련할 수 있습니다.

이 구조는 정보의 신뢰를 회복하는 데에도 중요한 역할을 합니다. 블록체인 기술을 활용한 의사결정 과정의 투명화, 시민 참여형 팩트 체크 시스템, 다양한 관점이 열린 토론을 통해 조율되는 문화는 신뢰를 회복하는 길입니다. 기술은 가짜뉴스를 퍼뜨리는 도구이기도 하지만, 진실을 확인하고 정제하는 도구가 될 수도 있습니다. 문제는 그 기술을 누가, 어떤 목적을 가지고 사용하는가에 있습니다.

궁극적으로 분야자치는 기술 발전의 방향 그 자체를 민주적으로 결정하자는 제안입니다. 기술을 소수의 거대 기업이 독점하는 것이 아니라, 시민 모두가 그 방향을 정하고, 필요에 따라 중단하거나 조정할 수 있는 권한을 가진다는 의미입니다. 이는 기술의 민주화이며, 동시에 인간의 존엄성을 지키기 위한 마지막 보루입니다.
새로운 문명은 개인의 자유를 지키면서도 공동체의 지혜를 중심에 둡니다. 경쟁보다는 협력, 소비보다는 기여, 단기 이익보다는 지속 가능성을 중심에 둡니다. 그리고 이 새로운 문명의 토대가 되는 제도가 바로 분야자치입니다.

우리는 지금 선택의 기로에 서 있습니다. 하나는 기술이 소수의 손에 집중되어 인간을 통제하는 디스토피아로 가는 길이고, 다른 하나는 기술이 모두의 손에 들려져 인간의 삶을 확장하는 유토피아의 길입니다. 분야자치는 후자의 길을 선택하자는 제안입니다.
이것은 거대한 구호가 아닙니다. 우리 일상의 작은 시작에서 가능합니다. 내가 관심 있는 분야, 내가 몸담고 있는 직업, 내가 사는 마을에서부터 변화는 시작됩니다. 완벽한 시스템이 갖춰질 때까지 기다릴 필요도 없습니다. 지금, 여기서, 우리 각자의 자리에서 분야자치의 씨앗을 심는 것, 그것이 새로운 문명의 출발입니다.

AI 시대에 분야자치는 선택이 아니라 필연입니다. 그리고 그 여정의 시작은 우리 손에 달려 있습니다.

제9장 요약

AI 시대, 왜 분야자치인가?

1. 시대적 배경
- AI와 기술은 급속히 발전 중, 인간의 노동·창작 영역까지 대체
- 기존 정치·행정은 느리고 경직되어 변화에 대응하지 못한다.
- 기술은 21세기인데, 민주주의는 20세기 방식에 머물러 있다.

2. 기존 민주주의의 한계
- **대의제 중심 구조:** 국민은 4~5년에 한 번 투표 외엔 소외되고 있다.
- **중앙 집중 구조:** 소수 정치인이 모든 분야를 통제하려 한다.
- 복잡한 사회문제를 감당하기 어렵다.

3. 분야자치의 등장 배경
- 문제는 현장에서 해결해야 하며, 당사자 참여가 중요하다.
- 분야별 시민·전문가가 함께 정책을 논의하고 실행하는 구조다.
- 참여가 제도화되고, 실질적 결정권을 갖는다.

4. AI와의 결합

- AI는 정책 설계, 데이터 분석, 의견 요약 등에 활용된다.
- AI는 도구, 판단은 인간이 수행 → **윤리와 공동체 의식이 중심**이다.

5. 분야자치의 실현 방식

예) 교육은 교육자·학부모·학생, 의료는 의료인과 환자가 주체다.

- 자율성과 책임성을 기반으로 운영된다.
- 기존 정치구조를 대체하는 **의식 기반 참여 정치 모델**이다.

6. 기술 민주화와 정보 신뢰

- **블록체인: 투명한 의사결정을 기록**한다.
- 시민 참여형 팩트 체크, 다중 관점 토론 → 사회적 신뢰를 회복한다.

7. 결론

- 분야자치는 기술 발전을 **시민 모두의 혜택으로 공정하게 분배**하는 시스템
- AI 시대, 분야자치는 선택이 아니라 **생존과 진화의 필연**이다.
- 변화는 지금, 여기서, 작은 실험으로 시작할 수 있다.

제10장

새로운 시대
새로운 교육

의식의 성장을 위한 학교

우리는 지금 커다란 전환의 문 앞에 서 있습니다. AI는 이미 우리의 일상 속으로 깊숙이 들어왔고, 민주주의는 더 이상 단순한 선거 제도가 아니라 삶의 모든 영역에서 참여와 협력이 이루어지는 새로운 체계로 다시 짜여져야 할 시점에 이르렀습니다.

앞 장에서 우리가 함께 살펴보았던 '분야자치'는 바로 그런 변화의 방향을 가리키고 있었지요. 하지만 아무리 혁신적인 제도와 시스템이 설계된다고 해도, 결국 그것을 살아 숨 쉬게 하는 것은 **사람**입니다. 그리고 그 사람은 하루아침에 길러지는 존재가 아니지요. 그래서 이 장에서는 교육에 관해 이야기하고자 합니다.

"우리는 어떤 교육을 통해 어떤 사람을 길러낼 수 있을까요?" "어떻게 해야 시대의 전환기를 살아갈 존재들이 자기 삶의 주인이 되어 민주적 공동체를 함께 꾸려갈 수 있을까요?" 이 물음은 지금 우리 앞에 놓인 질문들 가운데 가장 근본적인 것입니다.

돌아보면, 그동안의 교육은 학생들에게 너무 오래 정답을 찾는 법만 가르쳐 왔습니다. 누구보다 빨리, 누구보다 정확하게 틀리지 않는 답을 고르는 훈련이 중심이었지요. 그러는 사이 아이들 눈빛에선 '왜?'라는 물음이 사라지고, 마음속에선 '틀려도 괜찮다'는 여유가 사라졌습니다. 질문보다 정답이 더 중요한 교실, 친구가 협력의 대상이 아니라 경쟁의 대상이 되어버린 공간. 그 안에서 아이들은 자꾸만 움츠러들고 자신의 목소리를 잃어갑니다.

하지만 우리가 꿈꾸는 사회, 분야자치가 살아 움직이는 공동체는 그런 방식으로는 도달할 수 없습니다. 그곳에서는 정해진 답을 고르는 게 아니라, **답이 없는 문제를 함께 풀어가는 능력**이 더 중요하지요. 누군가는 문제를 발견하고, 누군가는 새로운 관점으로 길을 열고, 또 누군가는 여러 의견을 조율하며 모두가 함께 걸을 수 있는 길을 찾아야 합니다.

그 모든 과정에는 창의성, 공감, 신뢰가 필요하고, 무엇보다 그 바탕에는 자신의 내면과 연결된 '의식의 성장'이 자리해야 합니다. 그리고 이 모든 것은 시험 공부로 길러지지 않습니다. 삶을 통해, 사람을 통해, 스스로 깨어나는 경험을 통해 길러지는 것이지요.

그러니 교육이 달라져야 합니다. 단순히 교과 내용을 바꾸는 수준이 아니라, 학생을 바라보는 눈부터 교육의 목적과 방식, 교사와 학부모, 지역사회가 맺는 관계까지 다시 질문해야 합니다.

가장 먼저, 아이가 '존재하는 이유'를 느낄 수 있어야 합니다. ***나는 누구이고, 무엇을 소중히 여기며, 무엇을 위해 살아가고 싶은지.*** 이 물음이 학교 안에서 자연스럽게 떠오르고, 존중받고 탐색될 수 있어야 합니다. 매일 짧은 명상 시간, 감사일기, 나의 감정을 표현하는 글쓰기 같은 작은 실천을 통해 아이들은 자신이 '존재할 이유가 있다'는 감각을 천천히 키워갈 수 있습니다. 이 자각은 훗날 사회 속에서 자신만의 삶을 살아갈 수 있게 해주는 내적 뿌리가 됩니다.

그리고 또 하나, **'우리'라는 감각의 회복**도 중요합니다. 함께 살아간다는 것은 갈등과 다름을 함께 감당해 간다는 뜻이겠지요. 아이들이 서로 다른 친구들과 부딪치고, 다투고, 다시 화해하며 작은 공동체 속에서 '공존'이라는 가치를 체험해야 합니다. 그 과정이야말로 민주주의의 첫걸음입니다. '작은 프로젝트, 지역 문제 해결 활동, 다양한 이웃과의 만남.' 이런 경험들은 아이들로 하여금 세상이 생각보다 넓고, 다양한 존재들이 함께 살아가는 공간임을 느끼게 해줍니다. 그리고 바로 이런 깨달음이 더 큰 사회를 책임질 시민의 마음으로 이어집니다.

또한 아이들은 **'자유롭게 질문할 수 있는 용기'**를 가져야 합니다. 정해진 틀 속에서 벗어나 새로운 가능성을 상상하고, 지금 세상이 놓치고 있는 문제들을 다시 바라보고, 그것에 대해 "나는 이렇게 생각한다"라고 말할 수 있는 힘. 그건 단지 머리로만 되는 일이 아닙니다. 스스로 궁금한 것을 탐구하고, 누군가를 만나 묻고 듣고, 직접 실험하고 관찰하는 경험. 이런 경험이 쌓일 때 비로소 자기 삶의 주인으로서 생각하고 선택할 수 있는 힘이 자라납니다.

기술이 발전할수록 더욱 절실해지는 것은 **'윤리적 상상력'**입니다. 기술의 방향은 결국 인간의 가치가 결정하니까요. 아이들은 질문할 줄 아는 동시에 타인을 배려할 줄 알고, 기술이 인간의 삶과 어떻게 연결되어야 하는지를 스스로 고민할 수 있어야 합니다.

이러한 교육을 실현하려면 학교도 살아 있는 생명체처럼 변화해야 합니다. 교사는 더 이상 지식을 일방적으로 전달하는 존재가 아니라, 학생 곁에서 함께 배우고 실수하며, 성장의 여정을 동행하는 '길잡이'가 되어야 하지요. 학부모는 성적표만 기다리는 존재가 아니라, 학교라는 공동체 안에서 함께 숨 쉬는 '어른 시민'으로 거듭나야 합니다. 그리고 지역사회는 학생들의 배움이 살아 있는 삶의 터전이 되어야 합니다. 이렇게 학교는 더 이상 벽 안의 공간이 아니라, 모두가 함께 돌보는 **'교육 생태계'**가 되어야 해요.

그리고 무엇보다 중요한 것은 **우리가 아이들을 평가하는 방식**입니다. 점수 몇 개로 아이의 삶을 재단하는 시대는 끝나야 합니다. 아이들이 어떤 과정을 살아냈는지, 누구와 함께 무엇을 시도했는지, 실패 속에서 무엇을 배웠는지를 담아내는 평가. 이것이야말로 아이의 가능성과 세계를 향한 눈빛을 지켜주는 방식입니다.

결국, 교육이 바뀌면 의식이 바뀌고, 의식이 바뀌면 참여가 달라지고, 참여가 달라지면 민주주의가 새롭게 살아납니다. 저는 그것이 구호가 아니라 **현실이 될 수 있다**고 믿습니다. 그리고 그 변화는 어디에서 시작될까요?

바로 지금 이 글을 읽고 있는 **당신**으로부터 시작됩니다. 한 명의 교사가 수업 방식을 조금 바꾸는 순간, 한 명의 학부모가 성적 대신 아이의 눈빛을 보기 시작하는 순간, 한 명의 학생이 친구와 함께 질문을 던지는 순간. 바로 그 자리에서 변화는 시작됩니다. 우리는 모두 그 변화를 만들어낼 수 있습니다. 그리고 그 작은 변화들이 모이고 자라나면, 우리는 결국 **생명민주주의라는 거대한 숲**을 함께 키워내게 될 것입니다.

제10장 요약

새로운 시대, 새로운 교육

1. 시대의 전환점
- AI는 일상 깊숙이 들어왔고, 민주주의는 참여와 협력 중심으로 재편되어야 할 시점이다.
- 제도만으로는 한계가 있으며, **사람의 변화**, 특히 **의식의 성장**이 핵심이다.

2. 기존 교육의 한계
- 정답 중심, 경쟁 중심 교육으로 인해 학생들의 자율성과 질문력이 사라졌다.
- 시험·암기·서열 위주의 교육으로는 분야자치 기반 민주주의 실현이 불가능

3. 새로운 교육의 방향
- **존재 자각:** 아이가 '나는 누구인가'를 탐색할 수 있어야 한다.
  예) 명상, 감사일기, 감정 표현 글쓰기 등을 통해 자존감 형성
- **공동체 감각:** 공존, 화해, 협력 경험을 통해 민주주의의 기초 학습
  예) 프로젝트 학습, 지역사회 문제 해결 활동 등으로 실천
- **자유로운 질문과 탐구:** 아이가 스스로 궁금한 것을 묻고 실험하는 과정
  예) 창의성, 비판적 사고, 자기 주도성을 기르는 경험

- **윤리적 상상력:** 기술과 사회, 타인을 함께 고려하는 힘

  예) 공감 능력과 도덕적 판단이 가능한 시민 육성

4. 교육 생태계로서의 학교

- 교사: 지식 전달자가 아닌 '길잡이', 동행자
- 학부모: 결과 평가자가 아닌 공동체 일원
- 지역사회: 아이들의 삶과 배움이 연결된 열린 공간

5. 평가 방식의 전환

점수가 아닌 **과정 중심 평가, 공동체와의 협력, 실패와 성장의 기록 강조**

6. 결론

- 교육이 바뀌면 의식이 바뀌고, 의식이 바뀌면 민주주의가 살아난다.
- 변화는 제도가 아닌 **한 사람의 변화**에서 시작된다.

제11장

진정한 자유
진정한 평등

분야자치가 실현하는 새로운 가치

이제 우리는 이 여정의 거의 끝에 와 있습니다. 앞 장에서 새로운 교육이 어떻게 시민의 의식을 키우고, 그 교육이 실제 분야자치로 이어지게 되는지를 이야기했습니다.

그럼 질문을 하나 드리고 싶습니다. 그 모든 교육, 참여, 시스템이 결국 어디를 향해 가야 하는지에 대한 질문입니다. 그 답은 아주 단순하면서도 깊은 의미를 담고 있습니다. 모든 시민이 **진정한 자유와 진정한 평등**을 누릴 수 있어야 하기 때문입니다.

그런데 여기서 조심스럽게 물어야 할 것이 있습니다. 우리가 흔히 말하는 '자유'와 '평등'이라는 단어, 과연 그것이 우리가 원하는 의미인지 되짚어 볼 필요가 있습니다. 지금 우리가 누리고 있는 자유가 진정한 자유인지, 법 앞에서의 평등이 과연 우리 삶에서 평등을 만들어주고 있는지 의문을 가져야 합니다.

많은 이들이 자유를 이렇게 생각합니다.
"나는 내가 원하는 걸 할 수 있는 권리를 가지고 있다."
하지만 조금만 들여다보면 이 말이 얼마나 많은 오해를 불러왔는지 알 수 있습니다. 특히 '자유경쟁', '자유시장', '표현의 자유' 같은 말들이 언뜻 보기에 멋져 보이지만, 실제로는 강자가 약자를 지배하는 구실이 되어버린 사례들이 많습니다.

경제에서의 자유는 어떠한지 살펴보겠습니다. '계약의 자유'라는 이름으로 누군가는 일방적인 조건을 강요합니다. '투자의 자유'라는 말은, 실은 자본을 가진 소수가 다수의 노동을 지배할 수 있는 도구가 되어왔습니다.

정치에서의 자유는 어떠한지 생각해 보겠습니다. 표현의 자유가 혐오 발언이나 가짜뉴스를 정당화하는 데 쓰이기도 합니다. '선택의 자유'는 있지만 정작 선택지는 제한적이며, 정보는 편향되어 있고, 참여할 시간도 없는 사람들에게는 그 자유조차 껍데기일 뿐입니다. 이런 자유는 본래 우리가 바랐던 자유가 아니라고 생각합니다.

진정한 자유란, 단지 내가 하고 싶은 걸 한다는 의미가 아닙니다. 그것은 오히려 방종에 가깝습니다. **진정한 자유는 책임 있는 자유, 공동체를 해치지 않는 자유**, 그리고 **그 자유를 실제로 행사할 수 있는 능력과 조건이 주어진 자유**입니다. 아무리 법적으로 자유가 있다고 해도 그걸 활용할 수 없다면 그것은 자유가 아닙니다.

평등도 마찬가지입니다. "법 앞에 평등하다"라는 말을 너무 오래 들어와서 그 말이 평등의 전부인 줄 알았습니다. 하지만 현실은 다릅니다. 누구나 교육받을 권리가 있다고는 하지만, 부모의 경제력에 따라 교육의 질은 천차만별입니다. 누구나 직업을 가질 자유가 있다고 하지만, 사회적 네트워크나 배경에 따라 그 자유는 제한됩니다. 결국 형식적 평등만으로는 실질적인 불평등은 조금도 해결되지 않습니다. 기회의 평등이 주어진 듯 보이지만, 그걸 활용할 수 있는 사람은 늘 정해져 있습니다. 이것은 우리 모두 경험을 통해 알고 있는 사실입니다.

여기까지가 우리가 지난 수십 년간 살아온 자유와 평등의 모습입니다. 그렇다면 질문이 바뀌어야 합니다.
"어떻게 해야 진정한 자유와 진정한 평등이 가능한가?"
그 해답이 바로 분야자치라는 새로운 민주주의 시스템에 있습니다. 이것은 단지 제도적인 변화가 아닙니다. 삶의 방식 자체를 바꾸고 의식의 패러다임을 뒤흔드는 전환입니다.
우리가 지금 이야기하는 분야자치는 '자유'라는 개념을 완전히 새롭게 만들어줍니다. 기존의 자유가 주로 '선택할 자유'였다면, 분야자치는 '참여할 자유'를 중심에 둡니다. 그냥 투표장에서 투표 한 번 하는 것이 아니라, 내가 관심 있는 분야에서 실제로 정책을 제안하고, 전문가들과 토론하고, 결정하고 실행하는 데까지 직접 참여하는 자유입니다. 이것은 완전히 다른 차원의 자유입니다. 왜냐하면 내가 하고 싶은 말을 하고 끝나는 것이 아니라, 그 말이 실제로 사회에 영향을 주고 변화를 만들어내기 때문입니다.
경제에서도 마찬가지입니다. 기존에는 자본이 있어야 선택할 수 있었던 자유들이 분야자치에서는 모두에게 열립니다. AI와 로봇이 만들어낸 부를 일부가 독점하는 것이 아니라, 그 수익을 공정하게 분배해서 누구나 기본소득을 기반으로 자기가 하고 싶은 일을 선택할 수 있게 합니다. 그리고 그 과정에서 또 다른 종류의 자유가 생깁니다. 그것은 바로 시간의 자유입니다. 생계를 위해 하루 대부분을 일터에서 보내야 했던 사람들에게 이제는 자신의 관심사에 따라 학습하고, 참여하고, 기여하고, 성장할 수 있는 시간적 여유가 생깁니다.

그러나 이 자유는 그냥 주어지는 것이 아닙니다. 분야자치는 항상 말합니다. "참여는 권리인 동시에 책임이다." 자유와 책임은 원래 떨어질 수 없습니다. 내가 뭔가를 자유롭게 선택할 수 있다는 것은, 그 선택이 만들어낼 결과에 대한 책임도 내가 지겠다는 뜻입니다. 분야자치에서는 그 책임이 억압이 아니라 성장으로 가는 길로 받아들여집니다. 예를 들어, 내가 어떤 분야를 선택해 참여하면 그 분야에 대해 배우고 공부하고, 나의 이익뿐만 아니라 공동체 전체를 고려해야 합니다. 또 그 참여를 일회성 이벤트로 끝내지 않고 지속적으로 해나갈 책임도 따릅니다. 하지만 놀라운 것은 이 책임을 사람들이 기꺼이 감당하려고 한다는 점입니다. 왜냐하면 그 참여가 내 삶과 사회를 바꾼다는 걸 체감하기 때문입니다.

분야자치가 진정한 자유를 주는 또 하나의 이유는 바로 자율성이 철저히 보장되기 때문입니다. 당신은 어떤 분야에 참여할지를 스스로 선택할 수 있습니다. 예를 들어, 교육, 환경, 국방, 경제 등에서 관심 있는 한두 개 분야를 골라서 참여할 수 있습니다. 그 참여의 깊이도 선택할 수 있습니다. 그냥 의견만 내고 싶다면 그 정도만, 좀 더 깊이 참여하고 싶다면 위원회에 들어가서 활동도 가능합니다. 그 모든 과정은 강제가 아니라 당신의 자율적인 선택에 기반합니다. 그리고 그 자율성이 당신을 가장 창의적인 존재로 만듭니다. 누구도 당신에게 "이렇게 생각해야 해"라고 말하지 않습니다. 오히려 다양한 의견이 존중되고, 기발한 아이디어가 실험되고, 심지어 실패조차도 도전의 증거로 환영받는 사회입니다.

우리는 지금까지 자유를 '하고 싶은 걸 하는 것'으로만 생각해 왔지만, 이제는 '공동체 속에서 나의 고유한 가능성을 실현해 가는 과정'으로 새롭게 정의해야 할 때입니다.

지금까지 우리는 자유에 대해 이야기했습니다. 그렇다면 이제 평등에 대해 나눠볼 차례입니다.

우리는 흔히 "법 앞에 평등하다"라는 말을 들으며 자라왔습니다. 겉으로 보기엔 모두에게 같은 기회가 주어지는 것처럼 보입니다. 그런데 현실은 그렇지 않다는 것을 우리 모두 잘 알고 있습니다. 똑같이 교육받을 권리가 있다고 해도, 어떤 아이는 조용한 방에서 과외를 받으며 자라고, 어떤 아이는 일하는 부모 대신 동생을 돌보며 스스로 공부해야 합니다. 누구나 투표할 수는 있지만, 누군가는 정치 뉴스를 찾아 읽고 토론하는 여유가 있는 반면, 누군가는 하루 생계를 위해 그럴 틈조차 없습니다. 그러므로 단순히 형식적인 평등만으로는 현실의 불평등을 해결할 수 없습니다.

우리가 필요로 하는 것은 실질적인 평등, 좀 더 구체적으로 말하면 **'역량의 평등'**입니다. 누구나 주어진 기회를 자기 것으로 만들 수 있도록 조건과 기반을 마련해줘야 비로소 평등이라고 할 수 있습니다. 분야자치는 그 기반을 아주 섬세하게 설계하고 있습니다. 예를 들어, 기술적으로 접근이

어려운 사람들- 고령자, 장애인, 이주민 등- 이들도 참여할 수 있도록 AI 기반의 음성 안내, 실시간 자막, 쉬운 화면 구성, 다국어 지원 같은 포용적인 시스템이 필수적으로 포함되어 있습니다. 시간이 없어 참여하지 못하는 사람들을 위해서는 기본소득이라는 안전망이 마련되어 있습니다. 당장 생계를 걱정하지 않도록 도와주는 것입니다. 그 덕분에 누구든 자신이 진심으로 원하는 분야에서 배우고, 참여하고, 성장할 수 있는 시간이 생깁니다.

정보 격차를 줄이는 노력도 중요합니다. 복잡한 정책을 쉬운 언어로 설명해 주는 AI 요약 시스템, 다양한 시뮬레이션과 시각화 자료, 시민의 질문에 답변해 주는 전문가 네트워크 등 이런 것들이 모두 정보의 평등을 위한 장치입니다.

평등은 또 하나의 중요한 차원을 갖습니다. 그것은 바로 '**결과의 공정함**'입니다. 모든 결과가 똑같을 수는 없습니다. 하지만 최소한 노력과 기여에 따라 정당한 보상을 받는 구조는 필요합니다.

분야자치는 블록체인 기술을 이용해서 모든 참여와 기여를 정직하게 기록합니다. 그 기록은 단순히 시간을 측정하는 것이 아니라 정책 제안이 얼마나 현실화되었는지, 다른 사람들과 얼마나 협력했는지, 의견이 얼마나 공동체를 위한 것이었는지를 다면적으로 평가합니다. 그렇게 평가된 기여는 기본소득 외에 추가 인센티브나 보너스, 그리고 사회적 인정과 신뢰로 돌아오게 됩니다. 이것은 단지 돈이 아니라 존중받는 시민으로서의 명예와 자부심까지 함께 주는 시스템입니다. 이렇게 정직하고 따뜻한 분배 시스템은 결국 우리 모두 잠재력을 마음껏 발휘할 수 있는 풍요롭고 활기찬 공동체를 만들어냅니다.

지금까지 우리는 자유와 평등이 어떻게 왜곡되어 왔는지, 그리고 분야자치가 그것들을 어떻게 실현해 내는지를 살펴보았습니다. 그런데 당신도 느꼈을 것입니다. 자유와 평등은 서로 대립하는 개념이 아니었다는 것을요.
오래전부터 사람들은 이렇게 말해왔습니다. "너무 자유를 강조하면 평등이 무너지고, 너무 평등을 강조하면 자유가 억압된다." 그래서 자유주의냐, 평등주의냐를 놓고 사회는 늘 갈등하고 갈라졌습니다.
하지만 분야자치는 이 둘 사이에 갈등이 없다는 것을 보여줍니다. 오히려 서로를 강화하는 관계라는 것을 증명해 보여줍니다.
어떤가요? 참여의 자유가 많아질수록 다양한 사람들의 목소리가 반영됩니다. 그만큼 정책이 더 공정해지고, 기회의 평등이 넓어집니다. 정보가 자유롭게 흐를수록 지식의 독점이 줄고, 모두가 올바른 선택을 할 수 있는 판단력을 가질 수 있게 됩니다. 그리고 선택할 수 있는 기회가 다양해질수록 사람들은 자신의 삶을 더 풍요롭게 만들 수 있습니다.
반대로, 평등이 자유를 도와주는 방식도 분명합니다. 기회가 평등해질수록 더 많은 사람들이 자유롭게 참여할 수 있게 됩니다. 정보가 평등하게 주어질수록 누구든 자기 생각을 가지고 세상과 마주할 수 있습니다. 결과가 정당하게 분배될수록 사람들은 불만보다 희망을 가지고 다시 한번 도전할 자유를 갖게 됩니다. 이렇게 자유와 평등이 맞물려 돌아가는 사회,

그 중심에 분야자치가 있습니다.

그럼 이것은 단지 하나의 시스템일까요? 아닙니다. 이것은 새로운 문명의 운영 원리입니다. 이제는 개인의 자아실현과 사회적 기여가 자연스럽게 하나로 연결되는 시대입니다. 당신은 당신의 재능과 관심을 그저 나만을 위해 쓰는 것이 아니라, 공동체를 위해 나누고 그 과정에서 나 자신도 훨씬 깊어지고 풍요로워질 수 있다는 것을 느끼게 됩니다. 그리고 그 공동체는 획일화된 사람들이 모인 조직이 아니라, 모두가 다르지만 조화로운 다양성이 존중되고 살아 숨 쉬는 유기체가 될 것입니다.

무엇보다 진정한 자유와 평등은 지금 당장 우리 세대만을 위한 것이 아닙니다. 우리가 준비하는 이 시스템은 다음 세대에게 가장 아름다운 유산이 될 수 있습니다. 아이들이 성장했을 때 이 모든 것이 너무도 자연스러운 삶의 일부가 되는 것. 그것이 우리가 꿈꾸는 미래입니다.

그리고 이 모든 것이 가능하려면 마지막 한 가지, 바로 **사랑이라는 에너지** 가 필요합니다. 자유와 평등이 제도라면, 그 제도를 움직이는 것은 사랑입니다. 서로를 이해하려는 마음, 공동체를 향한 따뜻한 관심, 함께 나아가려는 진심.

다음 장에서는 사랑의 에너지가 어떻게 새로운 문명의 심장으로 뛰게 되는지 함께 이야기 나누겠습니다. 당신과 함께 이 길을 걷고 있다는 사실이 무척 고맙고 든든하게 느껴집니다.

제11장 요약

진정한 자유, 진정한 평등

1. 기존 자유·평등 개념의 한계
- 자유: "하고 싶은 걸 할 권리"로 이해되며 방종과 불평등의 구실이 됨
- 평등: "법 앞의 평등"은 실제 불평등을 가리지 못함(교육, 정보, 기회 격차)

2. 진정한 자유란?
- **참여의 자유:** 단순한 표현이 아닌, 정책 결정에 실질적 영향을 미치는 자유
- **자율성과 책임의 조화:** 자유는 결과에 대한 책임과 함께할 때 완성됨
- **시간의 자유:** 기본소득과 기술 활용으로, 생존을 넘어 성장과 기여의 시간 확보

3. 진정한 평등이란?
- **역량의 평등:** 기회를 '활용할 수 있는 조건'까지 보장하는 구조
- **정보 접근성과 참여 지원:** 기술·언어·시간 제약을 넘는 보편적 접근성 확보
- **기여 기반 분배:** 블록체인 등으로 기여를 기록하고 공정하게 보상

4. 분야자치가 실현하는 가치

- 자율적 참여+기여 인센티브+책임 공유
- 자유와 평등이 대립 아닌 상호 강화의 관계로 설계됨
- AI와 블록체인 기반의 신뢰 구조가 **참여와 분배의 공정성 확보**

5. 결론

- 진정한 자유와 평등은 **사랑의 기반 위에서 작동**해야 지속 가능하다.
- 다음 장에서 다룰 '사랑'이 생명 민주주의의 심장임을 예고하며 마무리

제12장

사랑의 에너지

새로운 사회를 만드는 궁극적 힘

지금까지 우리는 생명 민주주의라는 새로운 사회 시스템의 철학과 구조를 탐색해 왔습니다. 분야자치라는 제도적 혁신과 그 제도를 살아 있게 만드는 시민 참여의 구체적 방식, 그리고 그것을 실현할 수 있는 기술적 기반과 교육의 방향까지 살펴보았습니다. 그런데 이 모든 구조와 방법론을 관통하는 하나의 핵심이 있습니다. 그것은 바로 **사랑**입니다.

사랑은 단순한 감정이나 윤리적 미덕이 아닙니다. 그것은 사회를 움직이고, 공동체를 유지하며, 인간이라는 존재를 살아 숨 쉬게 만드는 가장 근원적인 힘입니다. 제1장에서 우리가 마주했던 사회의 불신과 분열, 제2장에서 경고했던 문명의 위기 역시 그 뿌리를 따라가 보면 결국 '사랑의 부재'라는 본질적인 문제와 맞닿아 있습니다.

이 장에서는 사랑의 힘이 어떻게 의식을 성장시키고, 사회 구조를 변화시키며, 새로운 문명의 기반이 되는지를 살펴보려고 합니다.

낭만적 감정을 넘어선 사랑

우리는 흔히 사랑을 가족, 연인, 친구와의 개인적 관계 안에서만 생각합니다. 물론 그러한 사랑은 우리 삶에 꼭 필요합니다. 그러나 생명 민주주의에서 말하는 사랑은 그것보다 훨씬 더 넓고 깊은 차원의 사랑입니다. 그것은 개인 간의 감정을 넘어서, 타인의 자유를 인정하고 성장과 자율성을 지지하며, 존재 자체를 존중하는 태도이자 에너지입니다.

이런 사랑은 통제나 소유에서 나올 수 없습니다. "널 위해서"라는 말로 타인의 삶을 통제하려는 행위, 나의 욕망을 사랑이라는 이름으로 포장하는 태도는 오히려 관계를 병들게 합니다. 참된 사랑은 상대방이 자신만의 길을 선택할 수 있도록 돕고, 그 여정을 신뢰하며 지켜보는 데서 시작됩니다. 이것은 제7장에서 살펴보았던 분야자치의 '자율과 책임' 원리와 정확히 맞닿아 있습니다. 사랑은 자율을 전제로 하며, 진정한 관계는 강요가 아닌 존중 위에서만 가능하기 때문입니다.

사랑과 의식 성장

사랑은 단순한 심리적 상태가 아닙니다. 뇌과학적으로도 사랑을 느끼는 순간 도파민과 세로토닌 같은 신경전달물질이 분비되며, 스트레스는 줄어들고 학습과 창의성은 활성화됩니다. 다시 말해 사랑은 우리의 뇌와 몸, 삶 전체에 긍정적인 에너지를 불어넣는 **의식 에너지의 진동**입니다.

의식의 성장은 언제나 **자기 사랑**으로부터 시작됩니다. 자신을 있는 그대로 받아들이고, 과거의 실수를 용서하며, 내 안의 가능성을 신뢰하고 존중하는 태도는 이후 타인을 이해하고 공감하는 기반이 됩니다. 이러한 자기 사랑은 제4장에서 강조했던 '나는 왜 중요한가'라는 물음과도 깊이 연결되어 있습니다.

자기 사랑은 곧 타인에 대한 공감과 연민으로 확장됩니다. 가족을 넘어서 지역사회로, 국가를 넘어 지구 생태계 전체로 퍼지는 사랑의 감각은 제10

장에서 제시한 교육의 핵심 목표이기도 합니다. 이러한 감각을 가진 시민은 공동체 안에서 상호 신뢰를 형성하고, 자발적 나눔과 기여를 통해 공동체 전체를 살아 움직이게 만듭니다.

사랑은 또한 갈등을 조율하고 상처를 회복하는 힘을 가집니다. 분야자치가 지향하는 갈등 조정의 원리- 부분의 이익보다 전체의 건강을 우선시하고, 다양한 입장을 공감 속에서 연결하는 구조-는 결국 사랑의 에너지 없이는 작동하기 어렵습니다.

정치와 경제 속의 사랑

사랑은 개인의 감정에만 머무르지 않습니다. 제도와 시스템에도 스며들 수 있습니다. 생명 민주주의가 제안하는 정치란 권력 투쟁이 아닌 **공동체에 대한 봉사**로 이해되어야 합니다. 정치적 의견이 다르더라도 서로를 적이 아닌 **동반자**로 바라보는 태도, 이것이 사랑이 깃든 정치의 출발점입니다.

경제 또한 마찬가지입니다. AI 수익 분배와 기본소득 시스템은 기술 발전의 혜택을 특정 소수가 독점하지 않고 모든 시민이 나누도록 하자는 '경제적 사랑'의 실현입니다. 상호부조, 순환, 협력을 중심으로 한 경제 구조는 이윤 극대화보다 공동체의 행복을 우선시하는 사랑의 구조입니다.

AI 시대, 인간의 고유성

제9장에서 우리는 AI 시대의 도래와 그 위협에 관해 이야기했습니다. 인공지능은 정보를 분석하고 예측하는 데 있어 인간을 능가하지만, 진정한 공감이나 연민, 윤리적 성찰과 같은 감정적이고 영적인 능력은 여전히 인

간의 고유 영역입니다. 사랑은 이 고유성의 중심에 있으며, 인간이 인간일 수 있는 가장 확실한 증거입니다.

따라서 기술은 사랑의 철학에 기초하여 개발되고 사용되어야 합니다. 모든 기술은 **누구를 위한 것인가, 어떤 가치를 중심에 두는가, 미래 세대를 어떻게 고려하는가**에 대한 사랑 기반의 질문 위에 설계되어야 합니다.

사랑 중심의 교육

제10장에서 우리는 새로운 교육의 방향에 대해 살펴보았습니다. 사랑은 이 교육의 핵심 동력입니다. 교사는 존재 자체를 사랑하고, 가능성을 믿으며, 학생이 자신의 속도와 방식으로 성장할 수 있도록 기다려주어야 합니다. 사랑받는 학생은 도전할 용기를 얻고, 실패 속에서 배움을 찾으며, 내면의 동기에서 출발한 진정한 학습을 경험합니다.

학생 또한 자신을 사랑하고, 친구를 존중하며, 가족과 지역사회를 공감하고, 나아가 인류 전체를 사랑하는 마음을 키워가야 합니다. 사랑은 단지 따뜻한 감정이 아니라, 인간을 성장시키는 교육의 원리이자 창의성과 학습의 기반입니다.

새로운 문명의 토대

사랑은 궁극적으로 새로운 문명의 토대입니다. 협력이 경쟁을, 나눔이 소유를, 지혜가 정보의 양을, 조화가 대립을 대체하는 새로운 사회. 우리는 그것을 생명 민주주의라 부릅니다. 이 문명은 기술의 발전과 민주적 참여, 교육의 전환, 정치와 경제의 재설계를 포괄하지만, 그 중심에 있는 것은 언제나 **사람의 마음,** 곧 **사랑의 에너지**입니다.

이 에너지는 한 사람의 실천에서 시작됩니다. 가정에서의 존중, 직장에서의 배려, 지역사회에서의 참여, 이 모든 것이 사랑입니다. 당신의 작은 행동 하나가 또 다른 사랑을 일으키고, 그것이 파문처럼 확산되어 사회 전체의 진동을 바꾸게 됩니다. 그리고 그 진동은 살아 있는 제도를 만들고, 깨어 있는 의식을 퍼뜨리며, 결국 새로운 문명을 가능하게 합니다.

개인적 사랑 vs 민주주의의 사랑 비교

구분	개인적 사랑	민주주의의 사랑
본질	감정적 애착	의식, 에너지, 사회적 동력
범위	가족, 연인, 친구	공동체 전체, 인류, 지구
방향	소유하고 통제하려는 욕구	자유를 보장하고 성장을 돕는 힘
조건	조건부 ("~해주면 사랑해")	무조건적 (존재 자체 존중)
표현	"널 위해서", 간섭, 의존	신뢰, 지지, 자율성 보장
정치적 의미	내 편 vs 상대편	함께 더 나은 사회 만들기
경제적 의미	내 가족만 잘살면 됨	공정한 분배와 순환
교육적 의미	성적표 중심, 통제	가능성 믿기, 과정 존중
갈등 해결	이기거나 참기	공감하고 조율하기
결과	개인적 만족/불만족	사회 전체의 생명력 증진

개인적 사랑은 보호받고 싶은 마음에서 시작되고, 민주주의의 사랑은 함께 살아가고 싶은 마음에서 출발합니다. 민주주의의 사랑은 내 사람만을 위한 것이 아닌, 모든 존재의 존엄을 위한 것입니다.

다음 장에서는 사랑의 에너지가 어떻게 새로운 문명의 심장으로 작동하는지를 더욱 구체적으로 살펴보겠습니다. 그리고 그것이 우리의 삶과 미래를 어떻게 바꿔놓을 수 있는지 함께 상상해 보려고 합니다.

제12장 요약

사랑의 에너지

1. 사랑은 생명 민주주의의 심장
- 분야자치, 참여 플랫폼, 교육 등 모든 구조의 중심에는 **사랑이라는 에너지**가 있어야 한다.
- 사랑은 감정이 아니라 **의식을 움직이는 실질적 동력**이다.

2. 우리가 오해해 온 사랑
- 사랑을 **집착, 통제, 조건부 관심**과 혼동해 왔다.
- 진정한 사랑은 **자율성과 성장을 믿고 지켜보는 힘**이다.

3. 사랑은 두뇌를 바꾸는 에너지
- 신경과학적으로도 사랑은 **학습능력, 창의성, 회복력**을 높인다.
- 교육과 연결되면, 사랑은 아이의 **의식 성장 기반**이 된다.

4. 자기 사랑에서 사회적 사랑으로
- 자기 수용 → 타인 공감 → 공동체 연대로 사랑이 확장된다.
- 비교, 불안, 혐오를 넘어서려면 **자기 자신부터 사랑**해야 한다.

5. 정치와 경제 속의 사랑

- 정치: 상대를 이기기보다 **공동체를 돌보려는 참여의 마음**
- 경제: 부의 독점이 아니라 **공정한 분배와 순환의 구조**
- 기본소득, 협력, 기여 중심 경제는 **사랑의 시스템**

6. AI 시대, 인간만의 고유 능력

- 공감, 윤리, 사랑은 **AI가 절대 가질 수 없는 인간성의 중심**
- 기술 위에 사랑이 있어야 **인간 중심 문명**이 완성된다.

7. 제도는 사랑이 있어야 살아 있다

- 제도는 껍데기일 뿐, **사랑이 있어야 진화하고 지속된다.**
- 분야자치도 사랑이 있어야 **공명, 책임, 조화**가 가능하다.

8. 결론

- 한 사람의 작은 사랑이 파동이 되어 사회를 바꾼다.
- 사랑은 새로운 문명의 **심장**, 생명 민주주의의 **영혼**이다.

제13장

새로운 문명의 탄생

생명 민주주의, 인류의 미래

당신과 함께 걸어온 이 여정은 참으로 의미 있는 시간이었습니다. 처음 우리가 마주했던 것은 삶 속에서 문득 올라오는 무력감이었습니다. "이게 과연 민주주의인가?", "내 한 표가 세상을 바꿀 수 있을까?"라는 질문이 마음에 떠올랐을 때, 우리는 그것을 무시하지 않고 끝까지 따라가 보기로 했습니다.

그 여정의 시작은, 일상 속 작고 반복되는 불편함들이 우리가 만든 제도, 즉 정치와 깊이 연결되어 있다는 사실을 마주하는 일이었습니다. 눈에 보이지 않는 결정들이 우리의 삶 구석구석에 어떤 영향을 미치고 있는지를 함께 들여다보았습니다. (제1장)

그다음 우리는 이 시대가 마주한 거대한 전환 앞에 섰습니다. AI와 로봇, 바이오 기술, 기후 위기 등 복합적인 변화들이 단지 산업을 바꾸는 것이 아니라 문명 자체의 방향을 재편하고 있다는 사실을 발견하였습니다. 그리고 그 변화의 중심에는 기술이 아니라 인간의 의식이 있어야 한다는 결론에 도달했습니다. (제2장)

그 관점에서 우리는 국가를 새롭게 바라보았습니다. 국가란 더 이상 거대한 행정 기계나 통제 시스템이 아니라, 수많은 시민이 유기적으로 연결되어 살아가는 하나의 생명체라는 사실입니다. 그리고 그 생명체의 건

강은 결국 나, 한 사람의 의식 상태에 달려 있다는 것을 이해하게 되었습니다. (제3장)

이처럼 개인의 의식이 깨어날 때, 주변 사람들과의 관계 속에서 공명이 일어나며 자연스럽게 공동체의 감각이 살아나기 시작합니다. 공동체는 누군가가 만들어주는 것이 아니라, 서로를 믿고 연결되어 있다는 감각에서 비롯된다는 사실을 확인했습니다. (제4, 5장)

그 감각은 다시 정치 구조로 이어졌습니다. 모든 결정을 한 곳에서 내리는 것이 아니라, 분야별로 나뉜 자율적 참여 구조 안에서 시민들이 직접 결정에 관여하는 시스템, 즉 분야자치라는 새로운 정치 모델입니다. 이 구조는 관심 기반, 자격 기반의 참여를 통해 개인의 자율성과 공동체의 신뢰를 동시에 회복할 수 있도록 설계되었습니다. (제6, 7장)

이러한 구조가 단순한 아이디어에 그치지 않고 현실로 구현되기 위해서는 기술적 기반도 필요합니다. 우리는 AI와 블록체인 같은 기술이 이 구조를 어떻게 뒷받침할 수 있는지 살펴보았고, 이를 실제 사회 속에서 어떻게 단계적으로 실현해 나갈 수 있는지에 대한 실행 방안도 함께 모색했습니다. (제8장)

하지만 아무리 정교한 제도가 설계되더라도 그것을 살아 숨 쉬게 만드는 것은 사람의 마음입니다. 특히 지금처럼 기술이 인간의 능력을 대체하고 있는 시대에는 존재의 존엄성과 자율성을 회복하는 것이 더욱 중요해졌습니다. 그런 시대일수록 우리는 '의식의 성장'을 중심에 둔 교육과 사회 구조를 고민해야 하며, 기술을 소유하거나 통제하는 것이 아니라 함께 나누고 조율하는 새로운 삶의 방식을 상상해야 합니다.

이제 우리는 이 여정의 중요한 갈림길에 서 있습니다. 뒤를 돌아보면 산업 문명의 유산이 여전히 우리 삶을 붙들고 있으며, 앞을 보면 완전히 새로운 질서와 관계의 방식이 우리를 부르고 있습니다. 지금 우리가 서 있는 이 자리는 낡은 문명의 끝자락이자 새로운 문명의 입구입니다.

산업 문명의 그림자 - 승자 독식의 세계

우리가 살아온 산업 문명은 분명 놀라운 성취를 이뤄낸 시대였습니다. 기술 발전, 물질적 풍요, 교통과 정보의 혁명 등, 그 모든 것이 가능했던 점은 분명히 인정해야 합니다. 그러나 이제는 그 그림자 또한 정직하게 바라보아야 합니다.

기계적 사고의 지배

우리가 국가를 '생명체'로 느끼기보다는 거대한 기계로 여겨왔던 이유는, 바로 산업 문명이 사람을 부품처럼 만들었기 때문입니다. 효율, 생산성, 관리, 통제와 같은 언어들이 우리 삶을 지배해 왔습니다.

그 과정에서 한 사람 한 사람의 존엄성과 고유성은 자주 무시되었고, 사람은 '역할'로만 존재했으며 그 역할은 언제든 대체 가능한 것으로 여겨졌습니다. 우리는 그 안에서 점점 자신을 잃어갔습니다. '나'라는 존재가 단지 노동력, 생산성, 경쟁력으로만 평가되던 시대, 그것이 바로 산업 문명의 핵심적인 한계였습니다.

무한 경쟁과 승자 독식

그 결과, 우리는 끊임없는 경쟁의 세계에 던져졌습니다. 학교에서, 회사에서, 국가 간에도 마찬가지였습니다. 이 경쟁은 단지 선의의 경쟁이 아니었습니다. 그 안에는 승자 독식이라는 무서운 원리가 숨어 있었습니다. 이긴 자는 모든 것을 가져가고, 진 자는 존엄마저 빼앗기는 사회. '공정 경쟁'이라는 말은 종종 강한 자의 논리를 정당화하는 수단으로 쓰였고, 그 과정에서 불평등, 양극화, 사회적 분열은 점점 더 깊어졌습니다.

우리는 함께 살아가는 사회가 아니라, 서로를 이기기 위해 끊임없이 견제하고 의심하며 때로는 고립된 섬처럼 외로워지는 사회를 경험해 왔습니다.

단기 이익 중심의 폭주

산업 문명이 가진 또 다른 병폐는 지속가능성보다는 즉각적인 이익에 집착한다는 점이었습니다. 정치도, 경제도, 기업도, 심지어 교육도 "당장 성과를 보여줘야 한다"는 압박 속에서 긴 호흡으로 미래를 준비할 수 없었습니다.

그 결과 환경은 무너졌고, 자원은 소모되었으며, 인간관계는 파편화되었고, 마음은 점점 피로해졌습니다. 결국 우리는 "이게 과연 문명의 정점인가?"라는 회의에 이르게 되었습니다.

그리고 그 회의의 한가운데서 우리는 이렇게 질문하게 되었습니다.

"혹시… 우리가 가야 할 다른 길이 있지 않을까?"

AI 시대, 문명의 전환점에서

그 질문의 답을 찾아가는 여정 속에서, 우리는 뜻밖에도 '기술'에서 새로운 가능성을 발견하게 되었습니다. 그것이 바로 AI 시대가 가져다준 양날의 검이자 기회의 문이기도 합니다.

기술이 열어준 보편적 풍요

AI와 로봇이 가져온 자동화와 효율성은 이제 '노동이 생존의 조건'이 아닌 시대를 가능하게 하고 있습니다. 기본소득은 더 이상 공상이 아닙니다. AI가 만들어내는 경제적 가치를 공정하게 분배하고, 모든 사람에게 기본적인 삶의 안정을 보장할 수 있는 시스템을 충분히 구축할 수 있는 시대에 들어섰습니다. 이렇게 되면 생존을 위해 억지로 노동하는 삶에서 벗어나 '의식의 성장'에 집중할 수 있는 삶이 가능해집니다.

인간 고유 영역의 재발견

기술이 발달할수록 오히려 우리는 인간만이 할 수 있는 것이 무엇인지 더욱 분명하게 알게 됩니다. AI가 아무리 정교해져도 할 수 없는 것들, 예를 들어 **공감, 윤리적 판단, 창의성과 직관, 사랑의 감정** 같은 것들이 바로 인간만이 지닌 고유한 빛입니다.

그래서 제10장에서 말했듯, 우리는 이제 새로운 교육이 필요합니다. 점수를 올리는 교육이 아니라, 자기를 알고 감정을 다루며 공동체와 연결되는 '의식 성장 중심 교육'이 필요합니다.

참여 민주주의의 기술적 토대

가장 큰 변화는 정치 구조에도 나타납니다. 과거에는 '대표자'에게 모든 결정을 위임했지만, 이제는 기술 덕분에 시민이 직접 참여하고 의견을 제시하며 의사결정에 영향을 줄 수 있는 시대가 되었습니다.

- **블록체인**은 투명한 기록을 보장하고
- **AI 요약 시스템**은 수천 개의 의견을 정리해주며
- **AR, VR, 메타버스**는 시공간을 넘어선 공론장을 열어줍니다.

이 모든 것이 모이면, 이전에는 상상할 수 없었던 참여 기반의 정치 시스템을 만들 수 있습니다. 그리고 그 중심에 있는 것이 바로 **'분야자치'**입니다. 당사자들이 스스로 결정하고, 시민이 AI와 함께 정치를 디자인하는 새로운 시대가 펼쳐지고 있는 것입니다.

생명 민주주의란 무엇인가?

이쯤에서 다시 한번 묻고 싶습니다. 우리가 지금까지 경험해 온 민주주의는 '생명'이 살아 숨 쉬는 구조였을까요?

대부분은 그렇지 않았을 것입니다. 우리는 투표는 했지만 그 이후에는 소외되고 방관자로 남아 있었습니다. 그 틈을 기계적 국가 시스템이 메웠고, 우리의 감정과 의식은 점점 더 마비되어 갔습니다.

그래서 저는 **'생명 민주주의'**라는 새로운 표현을 꺼냈습니다. 이는 단지 제도를 바꾸는 것을 넘어, 삶의 방식과 존재의 목적 자체를 바꾸는 민주주

의입니다. 그것이 바로 우리가 함께 그려온 새로운 문명의 이름입니다.

의식 중심의 문명 전환

이 새로운 문명에서 가장 중요한 키워드는 바로 '**의식**'입니다. 우리는 더 이상 "얼마나 벌었는가", "어떤 직업을 가졌는가"로 평가받지 않습니다. 대신, "얼마나 깨어 있는가", "얼마나 진실하게 살아가는가", "얼마나 공감하고 연결되어 있는가"를 기준으로 자신을 돌아보게 됩니다.

의식은 에너지입니다. 한 사람의 깨어 있는 의식은 주변 사람들의 삶에 파동처럼 영향을 미치며, 그 파동은 공동체 전체를 변화시킵니다. 제4장에서 강조했듯이, "나는 왜 중요한가?"라는 질문을 모든 시민이 자연스럽게 던지고 그 답을 찾으며 살아가는 사회, 그것이 생명 민주주의의 첫 번째 기반입니다.

존재의 목적을 되찾다

생명 민주주의는 우리가 단지 생존을 위해 살아가는 존재가 아니라, 삶의 의미와 목적을 탐색하는 존재임을 다시 일깨워줍니다.

우리는 이제 '소비자'가 아니라 '창조자'이며, '따라가는 시민'이 아니라 '함께 설계하는 공동체의 일원'입니다.

이 사회에서 자기 성장은 곧 공동체에 대한 기여로 연결되며, 내 안의 사랑은 더 이상 '사적인 감정'이 아니라 정치와 경제를 움직이는 가장 강력한 에너지로 작용합니다. 우리가 제12장에서 다루었던 '**사랑의 에너지**'는 이제 사회 시스템의 중심이 됩니다.

개인과 공동체의 조화로운 통합

이 새로운 문명에서는 개인과 공동체가 대립하지 않습니다. 개인은 고유하고 자유롭게 존재하지만, 그 자유는 공동체를 해치지 않으며 오히려 공동체를 더욱 풍요롭게 만듭니다. 우리는 더 이상 이기적인 개인이 되는 것을 두려워할 필요도 없고, 전체에만 복무하느라 자신을 지워야 할 이유도 없습니다.

'나'와 '우리', '자유'와 '조화', '독립성'과 '연결감'이 함께 어우러지는 사회, 그것이 우리가 꿈꾸는 생명 민주주의입니다.

분야자치 – 자율과 참여의 구조

정치 구조 또한 완전히 달라집니다. 이 사회에서 국가는 '위에서 명령하는 통제자'가 아니라 각 분야의 사람들이 직접 논의하고 스스로 정책을 결정하는 구조, 즉 **분야자치**가 중심이 됩니다.

제7장에서 설명했듯이, 분야자치는 다음과 같이 두 가지 트랙으로 운영됩니다.

① **특별 분야자치**: 국방, 외교, 교육, 의료, 경제 등 모든 국민이 필수로 참여해야 하는 핵심 분야

② **일반 분야자치**: 문화, 환경, 예술, 체육, 인권 등 자신이 관심 있는 분야에 자율적으로 참여

이 참여는 아무나 하는 것이 아니라 관심과 자격에 기반한 구조로 이루어

집니다. 예를 들어, 실무 참여, 일정한 학습 이수, 토론 참여 등의 조건을 충족해야 합니다. 이러한 구조 덕분에 분야자치는 전문가만의 세계도 아니고 무책임한 참여도 아닌, 신뢰 가능한 자율적 정치가 가능해집니다.

기술과 인간성의 조화

무엇보다 중요한 것은 기술이 인간을 도와주는 방향으로 설계되어야 한다는 점입니다. 우리는 AI가 인간을 대체하는 세상을 원하지 않습니다. 우리는 기술이 인간답게 살아가는 삶을 돕는 존재가 되기를 바랍니다. 따라서 이 사회에서는 모든 기술 개발에 반드시 윤리적 기준, 사회적 합의, 공동체적 책임이 포함되어야 합니다.

기술은 생명과 공존할 때 비로소 진정한 가치를 발휘합니다. 이제 우리는 **기술 중심 문명**을 떠나 **인간 중심 기술 사회**로 전환하는 중요한 순간에 서 있습니다.

이 새로운 문명, 어떻게 현실로 만들 수 있을까?

"이 모든 게 정말 가능할까요?" 당신은 이렇게 물으실 수도 있습니다. 저 역시 그 질문을 수도 없이 되뇌었습니다. 제 대답은 늘 같습니다.
"완벽하지 않아도 작게 시작하면 됩니다."

개인의 변화부터

모든 변화는 언제나 그렇듯 한 사람의 깨어남에서 시작됩니다. 바로 당신처럼요.

- 매일 자기 성찰의 시간을 갖고
- 작은 일에도 감사함을 느끼며 기록하고
- 관계 안에서 사랑의 관점으로 대화하고
- 소비가 아닌 기여와 나눔에서 기쁨을 찾으며
- 지역사회에서 작은 문제 하나라도 내 일처럼 바라보는 자세

이것이 바로 생명 민주주의의 첫 번째 씨앗입니다.

공동체에서 시작되는 실험들

물론 당신 혼자만으로는 세상을 바꿀 수 없을지도 모릅니다. 하지만 당신의 변화는 주변을 움직입니다. 그리고 그 연결은 곧 하나의 공동체 실험으로 확장될 수 있습니다.

예를 들어, 당신이 사는 아파트에서 '환경 자치 모임'을 만들 수 있습니다. 마을에서는 '복지 분야자치 위원회'를 시도해 볼 수도 있습니다. 이것은 단순한 '주민 회의'가 아닙니다. 이러한 실험을 통해 우리는 다음과 같은 생명 민주주의의 현실화를 경험할 수 있습니다.

- AI 플랫폼으로 의견을 모으고
- 블록체인으로 예산을 투명하게 관리하며
- 주민들이 직접 정책을 설계하고 실현하는 것

회사나 학교 안에서도 가능성은 열려 있습니다. 학생들이 모의 분야자치를 경험하거나, 직장 부서가 민주적으로 운영되는 것, 이 모든 것이 '살아

있는 학습'이자 미래를 준비하는 훈련장이 될 수 있습니다.

국가 차원의 점진적 전환
이러한 실험들이 쌓이면, 이제 국가 차원의 전환이 가능합니다. 제8장에서 제시한 **분야자치 단계적 진화**를 기억하실 것입니다.

1단계: 시범 플랫폼 개설
시민들이 온라인에서 아이디어를 제안하고, 투표하며, 기록이 남는 구조

2단계: 청년 및 시민단체 중심의 참여 훈련
학교, 청년단체, 자율적 시민 참여단체 등을 중심으로 분야자치 교육 및 모의 운영

3단계: 지방정부 단위의 분야자치 실험
환경, 문화, 교통 등 실질 영역에서의 참여 행정

4단계: 법제화 및 제도 설계
분야자치의 법적 인정 및 AI와 블록체인 기술의 법적 구조 마련

5단계: 전면적 전환 및 고도화
정부 구조의 일부를 분야자치가 대체하고 의사결정 권한을 이양

지금 당장은 먼 길처럼 보일 수도 있습니다. 그러나 이미 우리가 시작할 수 있는 것들은 아주 많습니다. 그리고 그 시작은 국가가 아니라 시민으로부터 가능하다는 것이 이 새로운 문명이 가진 가장 놀라운 특징입니다.

당신이 시작점이다

우리가 함께 꿈꾸는 이 문명은 바로 지금 이 순간 **당신으로부터** 시작됩니다. 완벽하지 않아도 괜찮습니다. 당신이 하루 10분을 멈춰서 내면을 들여다보고, 누군가에게 따뜻한 말을 한마디 건네고, 지역 문제에 관심을 가지기 시작하며, 자신을 돌아보고 사랑의 관점으로 세계를 바라보려 노력한다면 그 순간이 바로 **새로운 문명의 출발점**입니다.

"세상을 바꾸는 것은 거대한 혁명이 아니라, 한 사람 한 사람의 의식이 깨어나는 조용한 기적입니다." 그 기적의 씨앗이 지금, 당신 마음속에 심어졌기를 바랍니다.

이제 그 씨앗을 지켜봐 주세요. 물도 주고, 햇볕도 쬐어주며, 당신만의 속도로 자라게 해 주세요. 그리고 언젠가, 당신의 의식이 만들어낸 변화가 다른 누군가의 삶에 작은 빛이 되기를 진심으로 소망합니다.

제13장 요약

새로운 문명의 탄생

1. 생명 민주주의란?
- 제도 중심이 아닌 **의식 중심**의 민주주의다.
- **존재의 목적과 삶의 의미를 회복**하는 구조다.
- **개인의 자율성과 공동체의 연결감**을 동시에 존중한다.

2. 산업 문명의 한계
- 기계적 사고, 무한 경쟁, 단기 이익 중심
- 인간의 존엄성과 고유성이 희생된다.

3. 새로운 문명의 특징
- 기술과 인간성의 조화, 분야자치 기반의 참여 정치
- AI, 블록체인, 메타버스를 활용한 직접 민주주의

4. 개인의 변화가 출발점
- 자기 성찰, 감사, 사랑의 관점, 지역사회 참여
- 작은 실험이 모여 국가적, 국제적 전환으로 확장된다.

제14장

하나의 생명체로서의 지구

생명 민주주의의 국제적 확장

우리는 이제 국가를 넘어서 지구 전체를 하나의 생명체로 바라보아야 합니다. 각 나라는 하나의 세포처럼 고유한 역할과 정체성을 지니며, 그 다양성은 지구 공동체의 건강과 진화를 위한 필수조건입니다.

생명 민주주의가 진정으로 실현되기 위해서는 전 세계 국가들이 서로 강요 없이 자율적으로 연결되고, 공명하며, 하나의 유기적 질서를 이룰 수 있어야 합니다. 그러나 이러한 구조는 단순히 제도를 수입한다고 해서 이루어지지 않습니다.

우선 모든 나라와 그 구성원들은 깊은 내적 전환을 겪어야 합니다. 개인의 욕심, 집단의 이기심, 과거의 영토 확장 본능, 종교적 우월의식, 민족 중심주의 같은 요소들은 이 새로운 생명적 질서에서는 모두 극복되어야 할 장애물입니다.

전쟁을 넘어서는 전제 조건

생명 민주주의의 국제적 확장은 평화에 대한 확고한 전제 없이는 불가능합니다. 전쟁에 참여하거나 이를 준비하는 나라는 이 공동체에 들어올 수 없습니다. 그들에게는 교육, 기술, 식량, 보건 등의 인도적 지원은 제공될 수 있으나, 군사적 자산이나 에너지 공급 등 전쟁을 지속할 수 있는 기반은 철저히 차단되어야 합니다. 이것은 배제의 논리가 아니라 생명을 보호하는 엄격한 윤리 기준입니다.

공간과 자원의 새로운 인식

지구의 모든 영토, 바다, 공기, 우주는 본질적으로 공유 자산입니다. 지금 정착하여 살아가고 있는 사람들의 터전은 존중받아야 하되, 그 너머로 확장하려는 욕망, '이 바다는 내 것이다', '저 행성은 우리만이 탐사할 수 있다'는 소유 중심의 세계관은 생명 민주주의와 양립할 수 없습니다. 공간은 점령의 대상이 아니라 공유하고 조율할 대상입니다.

민족과 문화 그리고 자결권

한 국가 안에 여러 민족이 공존하는 것은 오히려 자연스러운 일입니다. 그럼에도 불구하고 어떤 민족은 주류로 인정받고, 다른 민족은 배제되는 구조는 깊은 상처와 분열을 만들어냅니다.

모든 민족은 그 자체로 하나의 고유한 세포입니다. 만약 특정 민족이 독립을 원한다면, 그것을 억압하기보다 그들의 의사에 따라 스스로의 길을 개척할 수 있도록 존중하고 지지해야 합니다.

군축 - 예외 없는 원칙

지구 공동체는 더 이상 '강한 국가'가 '약한 국가'를 지도하는 구조여서는 안 됩니다. 모든 나라는 동등한 구성원으로 존재해야 하며, 이를 위해 가장 먼저 필요한 것이 군축입니다.

군사력이 강한 일부 국가들이 무기를 보유한 채 다른 나라에는 그 권리를 주지 않으려는 구조는 생명 민주주의의 원칙을 정면으로 위반하는 것입니다. 모든 나라는 예외 없이 동등하게 점진적으로 군축해야 하며, 지구는 '경찰 없는 평화'를 향해 나아가야 합니다.

생명 민주주의 연합의 탄생

이러한 철학과 기준에 동의하는 국가들끼리 먼저 연합을 형성할 수 있습니다. 그 연합은 다른 나라에 간섭하거나 억압하기 위한 것이 아니라, 먼저 스스로의 구조를 실험하고, 모델을 제시하며, 도울 수 있는 손을 내미는 연대체여야 합니다.

특히 생존 기반이 불안정한 제3세계 국가들에 대해서는 식량, 의료, 주거, 교육 등 실질적인 지원을 아끼지 않아야 하며, 그들이 민주주의를 선택할 수 있는 환경을 만들어주는 것이 중요합니다.

개발도상국과의 관계 - 개입이 아닌 유도

많은 개발도상국은 정치적으로 불안정합니다. 이럴 때 외부에서 개입하여 체제를 흔드는 방식은 오히려 반발과 혼란을 낳습니다. 그보다는 지도자와 국민을 설득하고, 내부에서 자발적 변화가 일어날 수 있도록 돕는 것이 필요합니다. 기술, 에너지, 교육, 문화를 매개로 하여 그들 스스로 생명 민주주의의 방향으로 나아갈 수 있게 장기적 파트너십을 유지해야 합니다.

선진국의 과제 - 내면의 혁명

물질적으로 풍요로운 선진국은 의식의 성숙에 더욱 집중해야 합니다. 각국 내부에는 아직도 혐오, 차별, 극우주의, 과거 지배의 향수를 가진 세력들이 존재합니다. 이것은 의식의 전환이 일어나고 있다는 증거이며, 새로운 공동체 질서에 대한 두려움이 반작용으로 나타나는 것입니다. 결국, 시민들의 에너지가 점차 높아지고 깨어나면서 이러한 반작용은 자연스럽게 사라지게 될 것입니다.

문화의 회복과 정체성의 재정립

국제 질서의 재편은 단순히 제도의 문제가 아니라 기억과 치유의 문제입니다. 과거의 식민 지배, 약탈, 문화 말살에 대한 회복과 복원이 이루어져야 하며, 도난당한 문화유산은 돌려주고, 파괴된 공동체는 다시 살아날 수 있도록 지원해야 합니다.
정체성과 문화는 생명 민주주의의 뿌리입니다. 그 뿌리를 되살릴 때 비로소 존재의 존엄을 회복한 국제 질서가 태어날 수 있습니다.

지구는 더 이상 국가 간의 지배와 탐욕의 전장이 되어서는 안 됩니다. 각자가 자기 고유성을 간직하면서도 함께 살아가는 길을 모색할 수 있어야 합니다.
이것은 단순히 '국제정치'의 변화가 아닙니다. 의식의 구조 자체가 바뀌는 것입니다. 깨어난 국가, 깨어난 시민들이 먼저 연결되어야 하며, 그 연결이 더 큰 생명체로서의 지구를 가능하게 만들 것입니다.

어쩌면 지금 우리가 구상하고 있는 이러한 방식은 10년 뒤에도, 100년 뒤에도 완전히 실현되지 않을 수 있습니다. 하지만 우리는 그것이 가능하다고 믿습니다. 그 믿음은 단지 이상이 아니라 우리 한 사람 한 사람의 의식 확장, 실천, 깨어남으로부터 시작될 수 있습니다. 그 에너지는 공명하고, 그 공명은 퍼져나가고, 결국에는 지구 전체가 생명 민주주의로 나아갈 수 있는 길을 열게 될 것입니다.

그러니 우리는 지금 이 자리에서부터 움직여야 합니다. 더 이상 기다릴 이유도, 미룰 시간도 없습니다. 우리가 먼저 깨어날 때 지구도 깨어납니다. 우리가 먼저 시작할 때 미래는 지금 이곳에서 시작됩니다.

제14장 요약

하나의 생명체로서의 지구

1. 지구 공동체는 하나의 생명체다
- 각 국가는 고유한 세포처럼 연결된 존재
- **강요 없는 자율적 공명과 유기적 융합**이 핵심
- 다양성이 생명 유지의 원천

2. 생명 민주주의의 전제 조건
- 개인과 국가의 의식 전환이 먼저다.
- 이기심, 확장주의, 지배욕을 극복해야 한다.
- **공존·자율·연대의 의식 기반이 필요**하다.

3. 전쟁 참여 국가는 연합에 참여할 수 없다
- 평화가 국제 연합의 절대 기준이다.
- 전쟁·군사력·무기 수출은 철저히 배제한다.
- 인도적 지원은 허용되지만 군사적 기반은 차단한다.

4. 땅, 바다, 우주에 대한 공유 의식

- 지구 자원은 누구의 소유도 아니다.
- 정착은 인정, 확장은 제한한다.
- 경계가 아닌 연결 중심의 질서로 나아간다.

5. 민족과 문화의 고유성, 자결권 존중

- 단일 민족주의는 폐기한다.
- 각 민족의 독립 요구는 존중되어야 한다.
- 자발적 통합과 분리를 모두 인정한다.

6. 군축은 모든 국가에 예외 없는 원칙

- 강대국 특권 구조(예: 상임이사국)는 폐지한다.
- 모든 국가가 동등하게 군축에 참여한다.
- 지구는 '경찰 없는 평화'를 지향한다.

7. 생명 민주주의 연합의 형성

- 먼저 깨어난 국가들이 연합해 모범 구조를 수립한다.
- 제3세계 국가에 식량·의료·기술 등을 무상 지원한다.
- 민주주의 강요가 아닌, 선택할 수 있는 환경을 제공한다.

8. 개발도상국은 유도하고 기다려야 한다

- 직접 개입 금지, 지도자 설득과 시민 교육 중심
- 장기적 파트너십으로 자율적 전환을 유도한다.
- 기술, 에너지, 정보로 의식 전환을 촉진한다.

9. 선진국의 과제는 의식 계몽과 에너지 확산

- 내부의 혐오, 극우에 대응할 시민 공동체를 확산한다.
- 과거 지배 욕망을 내려놓고 자기 문화 자존을 회복한다.
- 깨어난 시민들이 서로 연결되어 공명 에너지를 확장한다.

10. 정체성과 문화의 회복은 생명 민주주의의 뿌리

- 문화 약탈·말살·침탈에 대한 복원이 필요하다.
- 유물 반환, 역사 회복, 공동체 기억을 복구한다.
- 존재의 존엄을 회복하는 과정이 곧 치유다.

마무리 - 지금, 우리가 먼저 깨어나야 할 때

- 이 구상은 당장 실현되지 않을 수도 있다.
- 그러나 우리가 믿고 움직인다면 에너지는 퍼져나간다.
- 깨어난 의식이 지구 전체를 생명 민주주의로 이끌 수 있다.
- "우리가 먼저 시작할 때 미래는 지금 이곳에서 시작된다."

감사의 말

여기까지 함께 걸어와 주셔서 진심으로 고맙습니다.
이 책의 진정한 완성은 당신이 자신의 위대함을 깨닫고,
삶 속에서 작은 변화를 시작하는 바로 그 순간에 이루어집니다.
당신이 새로운 세상의 희망입니다.

이 책을 끝까지 마무리할 수 있도록 용기와 힘을 주신
나수빈 님과 지도경 님께도 깊은 감사의 마음을 전합니다.

부록

1. 생명 민주주의 핵심 개념 및 내용
2. 분야자치의 구현을 위한 설계도
3. 의식 성장 교육의 구조
4. 기술과 자본의 공공성
5. 의식 각성을 위한 6단계 생활 실천 가이드
6. 갈등은 진화의 재료다
7. 생명 민주주의 핵심 용어

부록 1

생명 민주주의 핵심 개념 및 내용

1. 목적
한 사람 한 사람의 의식이 깨어나고, 그 의식들이 연결되어 공명하며, 자율과 책임, 사랑과 공감의 에너지로 정치와 공동체, 기술과 교육, 경제와 생태를 재설계하여, 인간답고 조화로운 삶이 가능한 새로운 문명을 창조하는 데 있습니다. 즉, 생명 민주주의의 궁극적 목표는 조화로운 공동체 속에서 각자가 아름답고 고유한 존재로서 참된 자유를 누리며 위대한 자아를 실현하는 데 있습니다.

2. 방법
생명 민주주의는 한 사람 한 사람의 의식이 깨어나는 것에서 출발하여, 그 의식들이 서로 연결되고 공명함으로써 자율과 책임, 사랑과 공감의 에너지가 공동체를 구성하고, 분야자치라는 참여 정치 구조를 통해 시민이 각자의 고유한 삶의 자리에서 실제로 정치에 기여하며, AI와 블록체인 기반의 투명하고 신뢰 가능한 플랫폼 위에서 기술과 제도가 시민의 자율성과 창의성을 뒷받침하고, 교육은 존재의 자각과 공동체 감각, 윤리적 상상력을 키우는 방향으로 전환되며, 기술과 자본은 소수의 소유물이 아니라 모두가 함께 나누는 공동 자산으로 순환되고, 갈등은 제거되어야 할 문제가 아닌 집단지성과 공감의 힘으로 조율되는 성장의 재료가 되며, 나아가 국경과 민족, 문화의 장벽을 넘어 깨어난 국가들과 시민들이 연대하는 지구적 생명 공동체로 확장되어, 개인의 자아실현과 공동체의 조화, 그리고 인류 전체의 진화가 함께 이루어지는 새로운 문명을 창조하는 삶의 방식이자 정치적 구조입니다.

3. 생명 민주주의 실현을 위한 7가지 핵심 방법

(1) 의식의 성장 – 한 사람에서 시작하기

- "의식은 에너지이며, 민주주의는 깨어남의 구조이다."
- 내면을 바라보는 훈련: 명상, 감사일기, 자기 성찰을 통한 의식 성장
- 일상에서 깨어있는 선택 실천: 소비보다 기여, 비난보다 공감, 침묵보다 작은 행동
- 에고에서 진아로: 존재 중심의 자아 인식 전환
- ♣ 이것은 생명 민주주의의 뿌리입니다. 제도보다 먼저 사람의 의식이 깨어나야 합니다.

(2) 분야자치 구현 – 세포처럼 살아 있는 정치

- "한 사람이 한 분야 이상 반드시 참여해야 한다."
- 관심, 직업, 삶의 맥락에 따라 분야 선택
- 특별 분야자치(교육·의료·경제 등) 의무 참여, 일반 분야자치 자율 참여
- 의견 제시 → 숙의 → 실행 → 피드백의 순환적 구조 설계

● 운영위원회는 선출이 아니라 자격 기반 참여
♣ 정치 권력은 위에서 아래가 아니라, 아래에서 자발적으로 분화되는 유기적 구조가 됩니다.

(3) 플랫폼 기반 참여 시스템 구축
● "생명 민주주의의 실질적 작동 공간은 기술 위에 있다."
● AI 기반 실시간 토론 요약 및 의견 군집화
● 블록체인 기반 투표·기록 시스템으로 투명성 확보
● 메타버스·모바일 앱 기반 분야별 참여 공간 제공
● 기초연금 등 국가 혜택과 참여 이력 연동
♣ 이 플랫폼은 생명 민주주의의 '디지털 생리 시스템'이라 할 수 있습니다.

(4) 교육의 전환 – 의식을 기르는 학교
● "점수와 정답이 아니라, 존재와 공감의 교육"
● 존재 자각 교육: 명상, 감정 글쓰기, 꿈 탐색
● 공동체 감각 훈련: 프로젝트 학습, 지역 문제 해결
● 자유로운 질문과 탐구: 틀려도 괜찮은 학습 문화
● 윤리적 상상력: AI 시대의 인간 중심 판단력 키우기
♣ 깨어 있는 시민은 교육으로 길러지며, 분야자치는 바로 이 시민을 기반으로 작동합니다.

(5) 기술과 자본의 공공 분배 구조 설계
- "AI의 부가가치는 모두가 함께 나눠야 한다."
- AI·로봇 기술의 공공 소유 또는 공유 인프라화
- 기본소득과 생활보장제의 구현
- 기여 기반 보상 시스템 구축
- 기술 민주화: 기술 방향과 적용 범위에 시민 참여 보장
- ♣ 기술은 생명 민주주의의 몸, 시민의 의식은 그 영혼입니다.

(6) 갈등 조율 시스템 설계 - 공감 기반 민주주의
- "갈등은 진화의 재료, 조율은 민주주의의 꽃"
- 자율조율위원회: 중앙이 아닌 중립적 공감 플랫폼
- 단계적 조율 원칙: 분야 내부 → 분야 간 협의 → 국가 조정 → 국민 참여
- 공감 기반 합의: 다수결보다 다중 의견 연결
- 기술 보조: 의견 시각화, 군집화, 요약 시스템 활용
- ♣ 승패를 넘는 민주주의, 이것이 생명 민주주의의 차별점입니다.

(7) 지구적 확장 - 하나의 생명체로서의 지구
- "국가가 아니라 생명의 눈으로 세계를 바라보다."
- 군축과 평화주의: 전쟁 참여국의 생명 민주주의 참여 제한
- 문화·민족 자결권 보장
- 제3세계 지원: 기술, 교육, 의료, 생존 조건 제공
- 깨어난 국가들의 생명 민주주의 연합 형성

♣ 지구 전체가 하나의 생명체가 되려면, 의식의 공명은 국경을 넘어야 합니다.

4. 결과

생명 민주주의가 실현되면, 사람은 존재로서 존중받고, 정치는 시민의 공명으로 작동하며, 공동체는 연결과 신뢰 속에 살아나고, 교육은 자각과 연대의 뿌리가 되며, 경제는 기여와 나눔으로 순환되고, 기술은 인간성을 확장하는 도구가 되며, 지구 전체는 조화와 사랑의 파동으로 하나의 생명체로 거듭나는 새로운 문명이 펼쳐지게 됩니다.

5. 생명 민주주의 실현의 7가지 핵심 결과

(1) 개인의 변화 – 깨어 있는 존재로서의 자아 실현
- "나는 작지 않다. 나는 살아 있는 하나의 우주다."
- 자신을 존재로서 인식하고, 두려움보다 사랑으로 살아감
- 타인의 시선이 아닌, 내면의 기준으로 삶을 설계
- 경쟁과 비교 대신 자율성과 고유성의 실현
- '성공'보다 '성장', '효율'보다 '깊이'에 집중

♣ 모든 사람이 자기 삶의 주인이 되고, 위대한 자아로 살아가는 시대가 열립니다.

(2) 정치의 변화 – 세포처럼 살아 움직이는 정치
- "정치는 이제 나의 일이다. 그리고 우리의 삶이다."

- 시민들이 실제로 정책을 제안하고 실행까지 참여
- 국회가 아니라 분야에서, 권력자 대신 시민이 결정
- 정치 불신이 사라지고, 공공의 삶에 흥미와 생기가 깃듦
- 정치가 특권이 아닌 삶의 자연스러운 순환 활동이 됨

♣ 정치가 다시 살아나며, 신뢰받는 공공의 공간으로 바뀝니다.

(3) 공동체의 변화 – 단절에서 공명으로
- "이제 우리는 '우리'라는 감각을 되찾는다."
- 경쟁과 고립 대신 연결과 배려가 일상화됨
- 갈등은 소모가 아니라 공동 성장을 위한 대화가 됨
- 신뢰와 소속감이 복원되어 정서적 안전망 형성
- 지역, 세대, 성별, 계층 간의 분열이 줄어들고 의식적 연대가 자라남

♣ 공동체는 더 이상 허상이 아니라 '살아 있는 조직'이 됩니다.

(4) 교육의 변화 – 존재 중심의 인간 성장 학교
- "학생들이 질문할 수 있고, 존재로 존중받는 공간"
- 점수 경쟁이 아닌 자각과 감정 소통 중심의 교육
- 질문력·공감력·상상력·윤리적 판단이 핵심 역량
- 학생들이 자기 존재에 대한 신뢰와 사랑을 가지고 자라남
- 성적보다 깨어남과 연대를 중시하는 교육 생태계 조성

♣ 교육은 시민의식이 아닌 존재의식 자체를 길러내는 뿌리가 됩니다.

(5) 경제의 변화 – 공정한 분배와 기여 중심의 생명 경제
- "모두가 함께 번영하는 순환형 경제"
- AI·로봇·기술의 수익이 사회 전체에 분배됨
- 기본소득과 기여 기반 인센티브가 병행됨
- 생존 노동에서 해방되어 자기계발과 참여 중심의 삶으로 전환
- 생태, 돌봄, 예술, 봉사도 '경제적 기여'로 인정됨
- ♣ 경제가 사람을 위한 도구로 돌아오고, 기여와 나눔이 중심이 됩니다.

(6) 기술의 변화 – 인간 중심의 기술 생태계
- "기술이 인간을 대체하지 않고 확장시키는 시대"
- 블록체인 기반 참여 기록 → 신뢰의 투명성 확보
- AI 기반 의견 요약과 숙의 도구 → 실질적 민주주의 가능
- 기술이 독점이 아닌 공공 자산화됨
- 기술 개발에 '사랑', '윤리', '공감'이 전제 조건이 됨
- ♣ 기술은 더 이상 위협이 아닌, 인간성 확장의 동반자가 됩니다.

(7) 문명의 변화 – 사랑과 조화의 지구 공동체
- "지구 전체가 하나의 살아 있는 생명체로 다시 태어난다."
- 국경, 민족, 이념을 넘어 생명 중심의 국제 연대 형성
- 군축과 평화 기반의 국제 질서 실현
- 생명과 자연, 미래 세대와의 조화 중심 가치 정립
- 문화 다양성 존중과 상호 치유 기반 문명 전환

♣ 지구는 더 이상 지배와 확장의 대상이 아니라 함께 돌보는 생명체가 됩니다.

부록 2

분야자치의 구현을 위한 설계도
- 단계, 기술, 참여, 보상 구조 총정리

1. 분야자치의 5단계 진화 모델

분야자치는 하루아침에 완성되는 체제가 아니다. 국민의 의식 성숙, 문화 변화, 기술 인프라가 함께 진화하며 점진적으로 완성된다.

1단계: 자율 제안과 시범 참여(테스트 기반 시범 운영)
- 참여 플랫폼의 시범 운영
- 소규모 정책 실험: 지역 도서관, 초등학교 급식 개선 등
- 온라인 토론방 개설 및 피드백 시스템 구축

2단계: 복지와 연계된 의무적 참여 구조(참여 문화 정착)
- 기초연금, 건강보험, 지역화폐 등과 연계하여 참여 유도
- 연간 최소 12시간 참여 시 혜택 100% 제공
- 참여하면 혜택받는 긍정 인센티브 설계

3단계: 자율 조직화(내부 운영 체계 형성)
- 분야별 위원회, 소위원회 구성
- 운영위원은 일정 자격 조건 충족 시 자동 참여 가능
- 온라인-오프라인 회의 구조 형성

4단계: 실질적 입법 및 예산권 이양(부분 자치권 확보)
- 각 분야 자치기구가 법률 제안 및 예산 배분의 70% 담당
- 공무원 인사 추천, 정책 기획부터 집행까지 직접 주도
- 중앙정부는 조율자·지원자 역할 수행

5단계: 완전한 자율과 공명(생명 민주주의 완성 단계)
- 각 분야가 내부적으로 자율적 운영
- 갈등은 자율 조정, 외부 개입 최소화
- 완전한 자치, 공감, 조화 기반 공동체 실현

2. 참여 유형별 맞춤 전략 - "귀찮은 사람도 환영합니다."

모든 시민이 동일한 방식으로 참여할 수는 없다. 성향에 따라 참여 설계도

유형	특성	참여방식
적극형(20%)	관심과 전문성 보유	정책 제안, 운영위원, 의사결정 참여
관심형(30%)	관심 있으나 부담 느낌	간헐적 토론, 캠페인 참여, 체험형 프로그램
수동형(40%)	의무감은 있으나 의욕 낮음	단순 투표, 짧은 교육, 기본 참여 프로그램
무관심형(10%)	완전 비관심	이벤트 기반 참여, 혜택 유도형 최소 참여

달라야 한다.

전략
누구든지 자신의 상태와 상황에 맞는 경로로 참여할 수 있어야 하며, AI 기반 매칭 시스템이 자동으로 참여 방식 제안 가능.

3. AI 기반 기술 플랫폼 – 민주주의의 인프라
AI는 단순 기술이 아니라, 참여 민주주의의 핵심 인프라가 된다.

(1) 주요 기능
- 대규모 의견 통합(의견 클러스터링 및 요약)
- 실시간 여론 지도 시각화(지역/연령/성별/직업별)
- 스마트 반박 시스템(균형 잡힌 토론 유도)
- 음성 참여, 시각장애인/고령자/다문화 접근성 보완
- AI가 중복 제안 자동 정리, 팩트 검증 수행

(2) 예시
- "학교 급식 개선" → AI가 3,000여 개 의견을 유기농 확대/메뉴 다양성/예산 현실화 등으로 분류, 대표안 도출
- 실시간 참여 수 표시+투표 연결 → 결정의 흐름이 살아있음

4. 블록체인 기반 참여 기록과 복지 연계
참여는 추상적인 열정이 아니라, 기록되고 보상받는 삶의 활동이 되어야 한다.

(1) 참여 기록 시스템
- 제안, 토론, 투표, 봉사, 교육, 멘토링 등 모든 활동 기록
- 위변조 불가능, 즉시성, 투명성 확보

(2) 연계 복지 구조

참여 시간(연간)	기초연금 지급률
50시간 이상	100%+인센티브
30~49시간	100%
20~29시간	80%
10~19시간	60%
10시간 미만	40%(최저 생활 보장)

(3) AI 수익 기반 기본소득
- 기본 배당+기여 기반 추가 배당
- 기여 지수는 블록체인 참여 기록 기반 산정

5. 참여 인프라 - 어디서든, 누구든
모든 시민이 쉽게 접근할 수 있도록 다양한 참여 인프라 제공

- 동네 참여센터: 도서관, 복지관, 주민센터 활용
- 이동식 참여 버스: 농촌/섬 지역 순환 방문
- 온라인 참여 카페: 메타버스 기반 토론방
- AI 기반 참여 알림 시스템: 관심 분야 변경, 새 토론 개설 시 맞춤 알림

6. 마무리 - 참여가 곧 자치, 자치가 곧 삶

분야자치는 제도가 아닙니다. 삶의 방식입니다. 당신이 걷는 길, 당신이 느끼는 불편, 당신이 가진 아이디어가 곧 민주주의의 재료가 됩니다.

작은 실험, 소박한 참여, 반복되는 대화. 그 모든 것이 모여 '생명 민주주의'라는 새로운 시대를 열어 나갑니다.

> 부록 3

의식 성장 교육의 구조
- 생명 민주주의의 씨앗은 교육에서부터

우리는 새로운 정치를 말하고 있지만, 그 시작점은 늘 '한 사람의 깨어남'입니다. 그 깨어남은 어디에서 시작될까요? 바로 교육입니다. 이 부록은 기존 교육이 어떻게 의식의 성장을 가로막고 있었는지, 그리고 생명 민주주의가 실현되기 위해 어떤 교육으로 전환되어야 하는지를 제안합니다. 여기에서 말하는 교육은 단순히 지식을 전달하는 것이 아니라, 존재를 자각하고, 공동체를 느끼며, 미래를 스스로 만들어가는 힘을 기르는 교육입니다.

우리는 이 시대에 필요한 교육의 방향을 세 가지 축으로 정리했습니다.
'존재 자각, 공동체 의식, 창의적 미래 역량.'
그리고 이것이 분야자치 참여 시민을 기르는 뿌리가 됩니다. 정치는 깨어 있는 시민의 참여로 이루어지고, 그 시민은 의식이 자란 교육에서 만들어집니다. 따라서 교육은 생명 민주주의의 시작이자 미래 문명의 뿌리입니다.

1. 왜 '의식 중심 교육'인가?
- 분야자치의 실현은 깨어 있는 시민 없이는 불가능
- 기존 교육은 주입식·경쟁 중심으로 의식 성장 방해
- 미래 사회와 연결되는 교육의 목적은 '존재의 자각', '공동체 의식', '창의적 문제 해결 능력'

2. 기존 교육의 주요 한계
- 정답 중심 교육: 질문력·탐구력 상실
- 경쟁 중심 평가: 공감·협력 능력 약화
- 자존감 저하: 의식 각성의 기반 상실
- AI 시대 불일치: 암기 중심 → 해석과 조정 능력 부족

3. 세 축으로 재구성하는 새로운 교육
(1) 존재 자각(내면 탐색)
- 명상, 감사일기, 꿈 탐색, 강점 분석 등
- 자율과 책임 실습: 학습 계획, 학급 자치, 지역 프로젝트 등
- 목표: 자기 존재의 고유함 인식, 자율적 참여의 기초 형성

(2) 공동체 의식(협력과 공감)
- 감정 표현 훈련, 갈등 조정 롤플레이, 다양성 존중 프로그램
- 협력 프로젝트: 지역 문제 해결, 세대 간 멘토링, 봉사 활동
- 목표: 분야자치 참여의 정서적 기반 조성

(3) 미래 역량(탐구와 창의)
- 질문 유도형 수업, 프로젝트 기반 학습, 문제해결 5단계 도입
- 기술과 윤리 교차 수업: AI, 생명공학과 인간 존엄
- 목표: 창의적 시민, 윤리적 판단력, 복잡성 해석 능력 배양

4. 분야자치를 위한 특별 교육 모듈
- 모의 분야자치 체험: 학생 스스로 분야 선택 → 토론 → 제안 → 실행
- 지역사회 연계 실습: 인터뷰, 정책 제안, 실행 피드백
- 갈등 조정 훈련: 청소년형 중재 교육

5. 새로운 평가 체계
- 과정 중심 평가: 자기 성찰, 협력 지표, 창의성의 발현
- 포트폴리오 기반: 활동 기록 중심의 성장 문서화
- 동료, 자기 평가 병행: 피드백과 집단 학습 강화

6. 교육 공동체로서의 학교 구조
- 교사는 지식 전달자가 아닌 성장 촉진자·멘토
- 학부모는 교육 정책 참여자, 지역사회와의 연결 고리
- 학교는 지역사회와 호흡하는 생명체적 공동체

7. 정책 연계 및 제도화 방향
- 교육 분야자치의 조기 도입 → 지역단위 교육위원회 시범 운영

- 초등 고학년부터 분야 선택형 교육 도입
- AI 튜터+인간 교사 병행 체계
- 교원 연수에 '의식 기반 교육' 필수 과정 도입

8. 결론: 교육은 새로운 정치의 시작

교육이 바뀌면 의식이 바뀌고, 의식이 바뀌면 참여가 바뀌고, 참여가 바뀌면 정치가 바뀌며, 정치가 바뀌면 세상이 바뀝니다.

분야자치는 새로운 교육에서 시작됩니다. 그리고 그 교육은 지금, 여기에서 한 사람의 교사, 학부모, 학생으로부터 시작할 수 있습니다. 의식 성장 교육은 생명 민주주의의 토대이자 지속 가능한 문명의 뿌리입니다.

부록 4

기술과 자본의 공공성
- 모두를 위한 기술 생태계 재설계

기술은 이제 더 이상 단순한 도구가 아닙니다. 그것은 오늘날 문명의 신경망이며, 인간과 사회, 국가와 세계를 연결하고 움직이는 생명의 확장입니다. AI, 로봇, 플랫폼, 신약, 데이터 알고리즘… 이 모든 기술은 한 사람의 지혜만으로 만들어진 것이 아니라, 수많은 인간의 지식, 사회적 투자, 공공 인프라, 시간과 경험이 축적된 공동 창조물입니다.

하지만 지금의 기술은 공동 창조의 결실임에도 불구하고 일부 기업과 세력이 독점하고, 그 이익은 점점 더 좁은 문을 통해 소수에게만 흘러들고 있습니다. 자본도 마찬가지입니다. 원래 자본은 사람들의 노동과 아이디어, 협력과 신뢰에서 나온 것이지만, 지금은 그것이 이자와 배당이라는 이름으로 참여 없는 수익, 기여 없는 소유로 전락하고 있습니다.

이런 흐름이 계속된다면, 기술은 인간을 자유롭게 하는 것이 아니라 지배하고, 자본은 사회를 순환시키는 것이 아니라 고여 썩게 될 것입니다.

생명 민주주의는 여기에 새로운 답을 제시합니다. 기술과 자본은 누구의 것도 아니며, 모두의 것이자 모두의 성장을 위한 생명 에너지입니다. 우리는 이제 기술과 자본의 흐름을 공공성과 순환의 구조로 재설계해야 할 시점에 와 있습니다.

1. 기술 독점이 민주주의를 해친다

기술은 민주주의의 토대가 되는 정보, 참여, 연결을 가능케 하는 수단입니다. 하지만 기술이 특정 기업과 정부에 독점되면, 민주주의는 형식만 남고 실질은 사라지게 됩니다.

특히 AI, 로봇, 자동화는 인간의 노동을 대체하고, 의사결정에 영향을 미치며, 자본의 흐름까지 좌우합니다.

생명 민주주의가 제대로 작동하려면, 기술은 통제 수단이 아닌 공공 인프라가 되어야 하며, 그로부터 나오는 이익은 전체 시민에게 순환되어야 합니다.

2. 기술과 자본의 생명적 재구조화 - 다섯 가지 원칙

원칙	설명
공공 개발	핵심 기술은 공공 주도로 기획·개발되어야 함(국가+기업+학계 협력)
공유 기반	기술 결과물은 일정 기간 후 공공재로 개방되어야 함
참여 보상	기술 발전에 기여한 개인·집단은 연금/기여 포인트 등으로 보상
자본의 순환	기술 수익은 기본소득, 사회 복지, 교육 등에 환류되는 구조 설계
시민 주권	기술의 방향, 적용 범위, 윤리 기준 설정에 시민이 참여

3. "공공 특허 연금제" – 기술을 모두에게, 기여는 정당하게 우리는 제안합니다.

AI 시대에 걸맞은 특허와 보상의 새로운 방식은 바로 공공 특허 연금제 (Public Patent Pension System)입니다.

(1) 작동 방식
- 개인이 AI, 로봇, 신약 등에서 개발한 핵심 기술을 개방형 특허로 등록
- 기업·연구소·사회는 이를 자유롭게 사용
- AI, 블록체인을 통해 사용 이력 자동 추적+사회적 기여 평가
- 특허자에게는 연금형 보상 또는 기여 포인트 지급
- 기업과 사용자들은 일정 비율의 기여료를 공공기금에 납부
- 기금은 다시 연구자 지원, 기본소득, 돌봄 복지 등에 사용 → 사회적 순환 구조

(2) 기대 효과
- 기술은 독점 없이 모두의 성장 자산으로 공유
- 혁신은 보상받고, 지속될 수 있는 동력 확보
- 시민은 기술 생태계의 참여자이자 수혜자로 전환
- 생태계는 기술 발전 ↔ 공공 복지 ↔ 참여 인센티브 간의 선순환 구조를 형성

4. 국가·기업·학계의 '공공 기술 컨소시엄' 필요성

기술의 공유와 보상을 실현하려면, 단순히 개인의 양심에만 맡겨서는 안 됩니다. 국가·기업·대학이 공동으로 기획·개발하고, 그 결과를 공공화하는 구조적 컨소시엄이 필요합니다.

구조 제안
- 공공 기술 개발 위원회 설립
- R&D 기획 단계에서부터 공공 목적 중심 설계
- 정부는 연구비 지원, 기업은 기술 적용, 대학은 인력과 윤리 감수
- 모든 기술은 일정 기간 후 '공유 기술'로 전환 → 시민 누구나 활용
- 특허자는 공공 기여 점수에 따라 기여 연금 수령

5. 시민 주식·기여 기반 배당 시스템

기존 자본주의의 '소유한 자만 배당받는 구조'는 생명 민주주의에 맞지 않습니다.
우리는 제안합니다.

참여하고 기여한 자가 배당받는 시민 주식 모델
예시)
AI 공기업이 사회적 기술을 개발
모든 국민에게 1/n의 기본 지분 자동 배정
여기에 참여 활동(피드백, 프로젝트 참여, 아이디어 제공 등)을 추가하면

→ 기여 지분이 추가 배정

→ 수익이 생기면 자동으로 기여 기반 배당 지급

6. 결론: 기술은 확장의 동반자, 자본은 생명의 순환

생명 민주주의는 단순히 더 많은 자유를 말하지 않습니다. 그 자유는 기술이 인간을 확장시킬 때, 자본이 생명처럼 순환할 때 실현됩니다.

기술과 자본이 독점이 아닌 연결, 통제 수단이 아닌 성장의 파트너가 될 때, 우리는 진정한 민주주의, 즉 모두가 깨어 있고, 모두가 연결되어 있고, 모두가 함께 창조하는 문명을 실현할 수 있습니다.

그 시작은, 기술을 모두에게 열고, 기여한 이들에게 정당한 보상을 주는 것. 바로 그 구조가 생명 민주주의의 심장입니다.

부록 5

의식 각성을 위한 6단계 생활 실천 가이드
– 깨어 있는 삶으로 문명을 바꾸다

1단계: 감정·생각 '알아차리기' 훈련
(1) 목표: 감정과 생각에 휘둘리지 않고, 그것을 바라보는 나를 인식하기
(2) 실천
- 하루 세 번 '지금 내 감정'에 이름 붙이기(예: 슬픔, 분노, 초조함)
- 감정을 억누르지 말고 3분 동안 조용히 느껴보기
- 반복되는 생각이 올라올 때 "이건 생각일 뿐이야"라고 되새기기
- 감정이 격해질 때 마음속으로 "이 감정은 지나간다"라고 말하기
- 아침에 일어나자마자 '첫 생각'을 적어보고 그것이 진짜 나인지 성찰하기
- 하루를 마치며 '오늘 가장 강했던 감정' 정리하기

2단계: 몸과 감각을 통한 '지금 여기' 접속
(1) 목표: 생각의 틀에서 벗어나, 감각을 통해 지금 이 순간에 뿌리내리기
(2) 실천
- 하루 5분, 호흡에 집중하며 들숨과 날숨 느껴보기
- 손끝, 발바닥, 심장 박동 등 신체 감각 하나에 의식 집중하기

- 식사 중에는 TV, 핸드폰 없이 '오감으로 음식 음미하기'
- 자연 속 걷기 명상: 10분간 바람, 풀잎, 새소리에 집중
- 샤워할 때 물의 온도와 흐름, 피부 감각을 천천히 느끼기
- 엘리베이터, 대기 시간에 '지금 여기의 나'를 인식하기

3단계: 감사로 의식의 파동 끌어올리기

(1) 목표: 결핍에 머물지 않고 존재의 충만함에 접속하기

(2) 실천
- 자기 전 감사한 일 3가지 적기(아주 작아도 OK)
- 하루 한 번 "감사합니다"를 진심으로 말해보기
- 고마운 사람에게 문자, 음성, 편지로 감사 전하기
- 힘든 일에서도 '배운 것'이나 '지켜진 것' 찾기
- 눈 뜨자마자 "살아 있음에 감사" 한 줄 말하기
- 일과 중 1분간 '감사 명상': 오늘 감사할 것 5가지 떠올리기

4단계: 선택에 '의도' 담기

(1) 목표: 자동 반응을 멈추고, 삶의 매 순간을 깨어 있는 선택으로 만들기

(2) 실천
- 어떤 행동 전에 "왜 이걸 하지?" 자문해 보기
- 스마트폰을 들기 전 3초 멈추기
- 무의식적 말버릇 하나 의식하며 바꿔보기
- 오늘 하루 '의도적 행동' 한 가지 정해 실천하기(예: 물 천천히 마시기)

- 회피하고 싶은 일 한 가지에 의식적으로 마주하기
- 식사, 걷기, 일하기 등 일상에 한 가지 '의미 부여'해 보기

5단계: 나와 타인을 있는 그대로 바라보기
(1) 목표: 판단하지 않고 바라보는 사랑의 시선 회복하기
(2) 실천
- 아침에 거울 보고 "괜찮아, 충분해"라고 말해보기
- 실수한 나에게 자책 대신 위로의 말 건네기
- 하루 한 번 타인에게 진심 어린 칭찬 한마디 하기
- 말하고 싶은 순간, 3초간 더 '경청' 후 말하기
- 누군가의 단점을 볼 때, 그 안의 고통을 상상해 보기
- 하루에 한 번 '판단하지 않고 보는 연습'(뉴스·댓글 등에서 시도)

6단계: 전체와 연결된 존재로 살아가기
(1) 목표: 개인을 넘어 공동체, 자연, 우주와 하나 된 존재로 살아가기
(2) 실천
- 하루 한 번, 하늘·나무·꽃·벌레를 3분간 '존재 자체'로 바라보기
- 오늘 한 행동이 사회와 지구에 미치는 영향 성찰하기
- 분리된 존재가 아니라 연결된 존재로 살아가는 선언문 쓰기
- 일주일에 한 번 '나눔' 실천(시간·지식·관심 중 하나 기부)
- 주변 사람에게 무관심 대신 따뜻한 시선 건네보기
- '함께의 삶'을 위해 실천할 한 가지 약속 정하고 지속해 보기

6단계 요약

단계	키워드	핵심 의미
1단계	감정 관찰	감정·생각에 휘둘리지 않고 바라보기
2단계	감각 접속	'지금 여기'에 깨어 있기
3단계	감사 실천	결핍 아닌 충만함에 머물기
4단계	의도 있는 선택	자동 반응에서 의식적 존재로 전환
5단계	사랑의 시선	나와 타인을 있는 그대로 수용하기
6단계	연결된 삶	공동체, 지구, 우주와 조화롭게 살아가기

마무리 메시지

이 6단계는 새로운 민주주의의 기반인 **'깨어 있는 시민'**을 위한 구체적 자기 성장 루틴입니다. 민주주의는 단지 투표의 제도가 아니라, **매 순간 깨어 있는 나의 실천에서 시작됩니다.**

"하루에 한 번, 진짜 나를 바라보세요. 그러면 세상이 달라집니다."

이것이 바로 생명 민주주의의 시작입니다.

부록 6

갈등은 진화의 재료다
- 생명 민주주의의 갈등 조율 시스템

생명 민주주의는 완전한 조화만을 지향하지 않습니다. 모든 생명은 끊임없는 변화 속에서 진화하고, 갈등은 그 진화의 불꽃입니다. 문제는 갈등 자체가 아니라 갈등을 어떻게 다루느냐입니다.
기존 민주주의는 종종 갈등을 권력 투쟁으로 만들었고, 승패의 게임으로 전락시켰습니다. 그러나 생명 민주주의는 갈등을 제거할 대상이 아니라, 조율을 통해 공동 성장을 이루는 기회로 봅니다.

1. 갈등을 바라보는 새로운 관점

기존 민주주의	생명 민주주의
갈등은 정치적 위기	갈등은 에너지의 충돌이자 변화의 요청
다수결로 해결	공감과 조율로 전환
승자와 패자	공동 창조자
외면하거나 강제 통제	자율적 조정과 성숙한 숙의

2. 갈등 조율 시스템의 기본 원칙

(1) 단계적 조율 구조
- 분야 내부 조율 → 분야 간 협의 → 국가 단위 조율 → 국민 전체 의견 수렴
- 조율은 강제 명령이 아니라 공감 기반의 권고와 연결

(2) 자율조율위원회
- 중앙정부가 아닌, 중립적이고 신뢰받는 위원회
- 시민, 전문가, AI 요약 시스템 등이 함께 작동
- 명령이 아닌 '중재와 제안'의 기능

(3) 공감 기반 숙의 모델
- 감정적 언어 대신 경험 공유와 공감 언어 훈련
- "무엇이 옳은가?"보다 "무엇이 우리 모두를 살리는가?"

(4) 기술적 지원 구조
- AI 기반 실시간 의견 요약, 유사 의견 군집화
- 시각화 툴을 통해 '갈등의 맥락'과 '공통점'을 찾아냄
- 다수결이 아닌 '다중 연결 합의 시스템' 도입

3. 작동 방식 예시

(1) A 분야와 B 분야에서 이해 충돌 발생
↓
(2) 각 분야 내부 의견 수렴 및 대표 제안 도출
↓
(3) 분야 간 중재 회의(시민·운영위원·AI 요약 참여)
↓
(4) 합의 도출 또는 견해차 공존안 정리
↓
(5) 국가 자율조율위원회에서 조율안 발표
↓
(6) 해당 분야 전체 시민 또는 전 국민의 선택 투표(필요시)

4. 조율이 필요한 대표 사례들
- 산업 개발 ↔ 환경 보전
- 국방 예산 ↔ 복지 확대
- AI 자동화 ↔ 인간 노동
- 세대 간 가치관 충돌
- 지역 간 이익 배분 문제

5. 갈등을 조율하는 의식 훈련
- 조율 시스템은 제도만으로는 작동하지 않습니다.

- 시민 각자가 갈등에 대한 새로운 인식을 가져야 합니다.
- '나는 옳고 너는 틀렸다'는 판단 → '우리는 무엇을 함께 만들 수 있는가'라는 질문으로 전환
- 비난보다 경청, 반박보다 요약, 감정 폭발보다 감정 인식
- 조율의 핵심은 정답이 아니라 공존의 조건을 찾는 능력

6. 결론: 조율은 민주주의의 꽃이다

"생명 민주주의는 단지 더 많은 참여가 아니라, 더 깊은 공감과 조율의 역량을 요구합니다."

진정한 민주주의는 모든 분야가 자율적으로 살아 움직일 때 가능하지만, 자율들이 서로 충돌하지 않고 공명하기 위해선 조율이라는 심장이 필요합니다. 우리는 이제, 이기고 지는 갈등이 아니라 함께 진화하는 조율을 배워야 할 때입니다. 그것이 생명 민주주의가 작동하는 방식이며, 새로운 문명이 꽃피우는 방식입니다.

부록 7

생명 민주주의 핵심 용어

감각 기반 학습
논리와 지식보다 오감, 직관, 정서, 감응 등을 기반으로 하는 교육 방식. 생명 민주주의의 교육은 인지 중심이 아닌 전인적 성장을 추구한다.

감사 의식(Gratitude Consciousness)
존재와 삶의 모든 순간에 감사할 줄 아는 상태. 이것은 감정이 아니라, 존재의 중심을 긍정하는 근본적인 의식 태도이며, 생명 민주주의의 정서적 기반이 된다.

감응 기반 협의
논리적 설득과 이해 중심의 협상 방식이 아닌, 서로의 에너지와 감정을 공감하고 느끼며 조율하는 새로운 합의 방식. 토론을 넘어 '느낌의 공명'을 통한 정치적 접근을 의미한다.

공명(Resonance)
비슷한 의식 파장을 가진 존재들 사이에서 이루어지는 에너지적 상호작용. 공명은 연결, 조화, 확장의 원리이며, 생명 민주주의 사회에서 사회적 합의와 협력의 기반이 된다.

공진화(Coevolution)
기술, 제도, 개인, 공동체가 서로 영향을 주며 동시에 진화하는 과정. 생명 민주주의는 정치·경제·교육 등이 독립적으로 발전하는 것이 아니라 공진화하는 것으로 본다.

기본소득 참여 연계 모델
모든 시민에게 기본소득을 제공하되, 분야자치 등의 사회적 참여와 연결하여 공정성과 지속 가능성을 확보하는 방식. '권리와 책임의 통합'을 구현하는 새로운 복지 패러다임이다.

기술 민주주의
AI, 블록체인, 메타버스 등의 기술을 시민의 참여를 확장하고, 공정한 정보 접근과 결정 과정을 가능하게 하는 도구로 사용하는 시스템. 기술은 권력을 집중시키는 수단이 아니라, 민주주의의 실현을 도와주는 공공 플랫폼이 되어야 한다는 원칙이다.

깨어난 공동체
공감과 책임, 자율성과 연결성을 가진 시민들이 자발적으로 구성한 공동체. 법이나 강제력이 없어도 스스로 유지되고 성장하는 구조이다.

깨어남(Awakening)

자신의 감정, 생각, 역할과 동일시하지 않고 그것을 바라보는 자각된 '나'로 존재하는 상태. 깨어남은 개인 변화의 출발점이며, 집단적 정치 참여도 이 내면의 각성에서 시작된다.

내면 정치(Inner Politics)

정치 참여는 외부 제도 이전에 자기 내면의 감정, 판단, 에고, 두려움 등을 이해하고 조율하는 과정에서 시작된다는 개념. 내면 정치는 생명 민주주의의 출발점이다.

디지털 영토

가상공간에서 시민이 자율적으로 활동하며 사회를 구성할 수 있는 새로운 영역. 메타버스나 가상 플랫폼이 단순한 기술 공간이 아닌 실질적 '시민 영역'으로 재해석된다.

메타버스 정치 플랫폼

공간의 제약 없이 시민들이 가상 세계에서 정책을 체험하고, 논의하고, 결정에 참여할 수 있는 환경. 민주주의를 '경험 가능한 구조'로 만드는 실천적 해법이다.

미래 문명 전환기

기존의 산업·기술 중심 문명이 종말을 맞고, 의식·에너지 중심의 새로운 문명이 열리는 시기. 현재 우리는 그 경계선에 있으며, 생명 민주주의는 그 새로운 문명의 정치적 형태로 제시된다.

분야자치(Field Autonomy)
국가 중심의 정치 구조를 넘어, 시민들이 관심 분야에 자율적으로 참여하여 해당 분야의 의사결정과 실행을 책임지는 자치 구조. 분야자치는 생명 민주주의의 실천적 기반이며, 특정 분야에 대한 책임감을 통해 자율성과 연대의 균형을 실현한다.

블록체인 참여 기록
분야자치 참여 이력과 활동을 신뢰성 있게 기록하고 공유하는 기술적 기반. 복지, 수익 분배, 정책 영향력을 정당하게 반영하는 데 필수적인 구조로 제안된다.

사랑(Love)
감정이나 관계의 차원을 넘어서, 모든 존재를 있는 그대로 존중하고 성장시키려는 가장 근원적인 에너지. 정치적 관점에서는 신뢰와 공감의 바탕을 이루며, 민주주의가 살아 움직이게 하는 핵심 동력이다.

사랑 기반 문명
생명 민주주의가 지향하는 최종 목표. 경쟁과 통제, 물질 중심 문명을 넘어, 공감과 연결, 에너지와 자율성이 중심이 되는 새로운 인류의 문명 구조이다.

상위 자아(Higher Self)
자신의 역할, 사고, 감정을 넘어서 존재하는 더 깊은 차원의 자아. 생명 민주주의에서 시민 개개인은 이 상위 자아와 연결된 존재로 간주되며, 정치 참여는 이 자아의 표현이기도 하다.

생명 기반 경제
성장과 소비 중심 자본주의를 넘어서, 나눔과 기여 중심의 순환경제를 지향하는 경제 시스템. 기본소득, 사회적 기업, AI 수익 공유 등이 여기에 포함된다.

생명 기반 기술 철학
기술은 인간을 통제하거나 대체하는 것이 아니라, 인간의 생명성, 의식 성장, 공동체 조화에 기여해야 한다는 철학. 기술 개발의 윤리 기준이 된다.

생명 네트워크 사회
각 분야자치가 생명체의 세포처럼 유기적으로 연결되어 상호 작용하는 구조. 전체 중앙통제 없이도 자율성과 조화를 유지하는 분산형 사회를 말한다.

생명 민주주의
정치 제도를 넘어 존재 방식으로서의 민주주의. 모든 사람을 '의식 있는 생명체'로 바라보고, 개인의 자율성과 공동체의 조화가 동시에 실현되는 구조를 지향한다. 민주주의는 투표나 법률의 문제가 아니라, 깨어난 의식들 사이의 에너지적 공명이라는 관점이다.

생명 민주주의 공동 창조자
생명 민주주의는 누군가의 설계로 이루어지는 것이 아니라, 깨어난 시민 한 사람 한 사람이 함께 만드는 과정이다. 모든 시민은 새로운 문명의 공동 설계자이자 주체이다.

생명체 정부
전통적인 행정조직이 아니라, 각 분야자치가 살아 있는 세포처럼 자율적으로 운영되면서 전체가 유기적으로 연결되는 정부 모델. 정부는 관리 주체가 아니라 순환과 조화의 조율자가 된다.

신뢰의 구조화
감시와 통제가 아닌, 상호 공감과 진정성, 기록 기반 신뢰에 의해 사회가 작동하는 구조. 블록체인과 공명 원리가 결합되어 가능해진다.

실천 기반 학습
지식의 전달보다 실제 삶 속에서 경험하고 참여하며 배우는 학습 구조. 분야자치 참여 자체가 교육이 되는 구조이다.

에고 민주주의
자기 이익과 권리 주장 중심의 전통 민주주의 구조를 비판적으로 지칭하는 개념. 생명 민주주의는 이를 넘어 자각된 존재의 연결과 조화로 전환하려 한다.

에너지 민주주의
에너지를 공급하는 구조도 민주적으로 분산되고, 시민이 직접 생산, 소비, 공유할 수 있는 시스템. 생명 민주주의의 물리적 기반 중 하나이다.

연금형 ETF와 AI 수익 공유
AI 산업의 수익을 장기적으로 시민에게 분배하는 시스템. 기본소득의 재정적 기반이 될 수 있으며, 생명 기반 경제의 핵심 실천 사례이다.

의식(Consciousness)
사고나 감정의 집합이 아니라, 존재 전체를 비추는 에너지이자 본질적인 '나'의 기반. 모든 인간은 의식적 존재이며, 이 의식의 수준에 따라 개인의 삶뿐만 아니라 사회 시스템 자체가 달라질 수 있다는 전제 위에 생명 민주주의가 세워진다.

의식 기반 복지
단순한 분배가 아닌, 개인의 내면 성찰과 사회적 연결을 동시에 촉진하는 복지 시스템. 수혜가 아닌 성장을 중심에 둔 새로운 복지 개념이다.

의식 진화

의식은 고정된 것이 아니라 계속 확장되고 상승할 수 있다. 개인이 자기 존재를 깊이 인식하고, 타자와 연결되며, 집단적 공명을 경험할수록 더 높은 의식 상태로 진화하게 된다. 생명 민주주의는 이 진화를 집단적으로 촉진하는 사회 구조이다.

일반 분야자치

시민이 자율적으로 선택하는 관심 기반의 분야자치. 예술, 환경, 체육, 기술 등 다양한 분야에서 이루어지며, 삶의 다양성과 개성, 창의적 참여가 발현되는 공간이다.

자율조율위원회

분야자치 간의 갈등이나 자원 충돌이 발생했을 때 중립적으로 이를 조정하고 공감 기반의 해결을 유도하는 조율 기구. 명령하는 상위 권력이 아니라, 공명과 장기적 안목에 기반한 협력의 구조를 제안하는 새로운 방식의 정치 메커니즘이다.

자율 진화형 정치

법률이나 선거에 의해 고정된 구조가 아니라, 시민의 의식 성장과 사회적 필요에 따라 정치 구조 자체가 유기적으로 진화하는 모델. 생명체처럼 살아 있는 정치 구조를 뜻한다.

정치의 에너지화

정치가 권력의 분배나 제도의 조작이 아닌, 에너지 흐름과 공명, 감응의 장으로 전환되는 것. 생명 민주주의에서는 정치가 구조가 아니라 생명의 흐름으로 이해된다.

정치의 탈도구화

정치를 더 이상 개인의 이익이나 권력 획득을 위한 수단으로 보지 않고, 사회적 존재로서의 인간이 함께 진화하는 장으로 보는 관점. 정치는 도구가 아니라 의식 공동 창조의 무대가 된다.

존재 방식으로서의 민주주의

민주주의를 제도나 투표 절차가 아닌, 인간 존재의 상태와 태도로 바라보는 관점. 시민 개개인이 자율적이고 깨어 있으며, 타인과의 연결을 인식하고 조화롭게 행동할 때 민주주의는 제도 없이도 작동할 수 있다는 철학이다.

존재 자각

'나는 누구인가'라는 질문에서 출발하여, 자신이 단지 역할이나 생각의 조합이 아닌 더 깊은 존재임을 인식하는 상태. 생명 민주주의에서 교육과 정치의 출발점이 되는 핵심 개념이다.

존재 정치(Politics of Being)

무엇을 주장하느냐보다 '어떤 상태로 존재하는가'를 중요하게 여기는 정치 철학. 생명 민주주의는 존재 정치에 기반하여 시민의 내적 상태가 정치 구조에 영향을 미친다고 본다.

직관적 의사결정 구조
수많은 데이터를 분석하는 것이 아니라, 깨어난 시민들이 직관과 감응을 통해 순간순간 최선의 결정을 내리는 구조. 논리적 정합성보다 '깊은 연결감'을 신뢰하는 방식이다.

진동 정치학
개인의 진동수(에너지 상태)가 공동체 전체에 영향을 미치며, 정치도 이 에너지 흐름을 통해 움직인다는 철학적 관점. 감정, 의식, 의도가 정치에 미치는 실질적 영향에 주목한다.

집단 의식(Collective Consciousness)
개개인의 의식이 연결되어 형성되는 집단적 에너지장. 이는 단순한 여론의 집합이 아니라, 정서적·영적·인지적 공명을 통해 생성되는 의식적 공공장이다. 생명 민주주의는 이 집단 의식이 긍정적으로 진화할 수 있는 구조를 설계하려는 시도이다.

참여형 의식 생태계
각자의 자각이 다른 존재들의 성장을 촉진하는 상호 연결된 생태 구조. 시민 한 사람의 의식이 공동체 전체에 영향을 미치는 생명적 정치 생태계이다.

탈중앙화 정치

권력이 특정 기관이나 위치에 집중되지 않고, 네트워크처럼 시민 사이에 분산되는 정치 구조. 분야자치와 생명 민주주의가 실현하는 기본 원칙 중 하나이다.

특별 분야자치

모든 시민이 최소 하나 이상 참여해야 하는 공공 필수 분야의 자치. 교육, 국방, 의료, 외교, 경제 등이 포함되며, 국가적 생존과 직결되는 영역이다. 개인의 자유를 넘어서 사회적 책임과 공동체적 참여를 요구하는 구조이다.

협동조합형 정치 구조

정당 중심이 아닌, 협력적 참여와 공동 책임에 기반한 자율적 정치 구조. 생명 민주주의에서는 협동조합이 정치 구조의 모태가 될 수 있다.

AI 공유 지분 구조

AI 기술이 기업이나 국가의 소유가 아닌, 시민 전체가 공동 소유하거나 수익을 분배받는 구조. 기술 발전의 혜택을 독점이 아닌 공유로 전환하는 모델이다.

AI 기반 토론 시스템

수천 명의 의견을 AI가 요약, 분류, 시각화하여 실시간으로 집단지성을 실현하게 해주는 시스템. 토론의 양과 질이 함께 확장될 수 있도록 설계된 도구이다.

AI 시민 파트너

인공지능을 감시나 통제 수단이 아닌, 시민의 성찰과 참여를 지원하는 동반자적 존재로 재정의한 개념. 시민은 AI를 통해 더 깊은 자각과 실천을 할 수 있다.

에필로그 - 인터뷰

이 책에서 말하는 '생명 민주주의'는 솔직히 너무 이상적인 거 아닐까요? 현실 정치가 이렇게 바뀔 수 있을까요?

우리가 세상을 바꿔야 한다고 믿기 때문에 바꾸는 게 아니라, 우리가 바꿀 수 있다고 믿는 순간부터 변화는 시작됩니다. 생명 민주주의는 하루아침에 완성되는 모델이 아니라, 깨어 있는 한 사람 한 사람이 만들어가는 긴 여정의 구조입니다.

모든 시민이 분야자치에 참여할 수 있을까요? 바쁜 사람도 많고, 관심 없는 사람도 있잖아요.

그래서 생명 민주주의는 모든 사람이 동일한 방식으로 참여하라고 강요하지 않습니다. 누구든 자신이 관심 있고, 연결감을 느끼는 분야부터 시작하면 됩니다. 더구나 AI와 플랫폼이 발전한 시대에서는 참여 방식이 꼭 회의나 오프라인 토론만 있는 건 아닙니다. 말 한마디, 의견 하나, 투표 한 번으로도 참여가 시작됩니다. 참여가 어렵지 않도록 기술이 도와주는 것, 그게 바로 이 시스템의 핵심이에요.

소수의 의견이 무시되거나, 갈등이 더 커지진 않을까요?

생명 민주주의는 '다수결'보다 '공감 기반 조율'을 중시합니다. 즉, 어떤 결정을 내릴 때 서로의 관점을 요약하고 연결하며, 다중 의견을 고려해 함께 방향을 잡는 구조입니다. AI가 의견을 시각화하고, 유사한 주장들을 묶어서 공감과 연결의 흐름을 보여주고, 중립적 조율 기구가 감정의 언어까지 읽어냅니다. 이건 단순한 정치 시스템이 아니라, 깨어 있는 시민의 집단지성을 기반으로 한 조율 구조예요.

기술이 이렇게 많이 개입되면 오히려 감시당하는 건 아닐까요?

그래서 블록체인 기반의 투명한 기록 시스템이 필수입니다. 모든 기록은 누구나 열람할 수 있지만, 개인 정보는 철저히 보호되죠. 기술이 감시를 위한 도구가 아니라 신뢰를 위한 인프라가 되는 것입니다. 우리는 기술을 통제하는 의식이 깨어 있어야 합니다. 기술이 지배할 것인지, 우리가 기술을 삶의 동반자로 만들 것인지는 우리 의식의 선택에 달려 있어요.

'사랑'이나 '의식' 같은 개념이 너무 철학적이에요. 정치와 연결되는 게 잘 이해되지 않아요.

아주 중요한 시선이에요. 지금까지의 정치는 힘과 숫자, 논리와 전략의 정치였다면, 생명 민주주의는 공감, 신뢰, 연결의 에너지를 구조화한 정치예요. 정치도 결국 사람 사이의 에너지 흐름, 즉 사랑의 확장입니다. 내가 타인의 고통을 공감하지 못하면, 내 선택은 그 사람을 위한 것이 될 수 없고, 그건 정치적 선택이 아니라 이기적 반응일 뿐이겠죠.

생명 민주주의, 정말 가능하다고 믿으시나요?

네. 지금 당장 모든 걸 바꾸는 것은 어렵겠지만, "가능하다고 믿는 사람이 생길 때, 그 사회는 이미 바뀌기 시작했다"고 생각합니다. 그리고 그 시작은 언제나 '한 사람', 바로 당신 자신입니다.

솔직히 책 내용이 너무 좋고 감동도 됐어요. 그런데 범주가 너무 커요. 분야자치, 의식 성장, 기술의 공공화… 이걸 도대체 어디서부터 시작해야 할지 막막합니다.

이 책을 읽은 많은 분들이 비슷한 느낌을 말해주셨어요. 생명 민주주의는 단순한 제도 개혁이 아니라 문명 전체의 방향을 바꾸는 이야기니까요. 그래서 작은 시작이 가장 중요하다고 말하고 싶어요. 시스템을 바꾸는 건 어렵지만, 내가 깨어 있는 선택을 하는 건 지금도 가능합니다.

구체적으로 어떤 거죠?

예를 들어, 오늘 하루 동안 감정이 요동칠 때 잠시 그걸 바라보기, 댓글에 분노 대신 공감을 한 줄 남겨보기, 소비 대신 기여의 마음으로 하루 한 가지 선택하기, 관심 있는 분야 하나를 찾아서 거기서 벌어지는 사회 문제를 읽어보기… 이런 것들이 다 '의식 기반의 정치 참여'예요. 시민으로서의 참여는 거대한 투표소나 국회 앞이 아니라, 내가 깨어 있는 '지금 여기'에서 시작됩니다.

그래도 사회 시스템이 바뀌어야 현실이 바뀌지 않나요?

맞아요. 그래서 이 책은 두 가지를 동시에 이야기합니다. 한 사람의 깨어남 → 1. 그 에너지가 연결되어 사회의식으로 진화, 2. 그 에너지들이 기술, 정치, 교육, 경제 시스템을 다시 설계함. 그러니 내가 깨어 있으면, 그 깨어남이 나를 통해 세상에 투영되고, 작은 연결들이 모여 사회 시스템을 바꿀 수 있는 힘이 됩니다. 이건 혼자서 다 하라는 얘기가 아니에요. 연결되기만 해도 변화는 시작돼요.

전문가도 아닌 시민이 정책을 결정해도 괜찮을까요?

시민이 '모든 걸 혼자 결정한다'는 뜻은 아니에요. 시민은 방향을 제시하고, 전문가가 내용을 보완하는 구조가 생명 민주주의입니다. 지금도 전문가 집단이 정책을 만들고 있지만, 그 방향과 기준이 시민의 삶과 동떨어져 있다면 진짜 좋은 정책이 될 수 없겠죠? 시민이 제안하고, 숙의하고, 선택하며, 전문가가 설계와 실행을 도와주는 구조라면 오히려 더 균형 있고 현실적인 결정이 가능해집니다.

기술을 공공화하면 혁신이 멈추지 않나요?

그건 '보상 없는 혁신도 없다'는 기존 자본주의적 상식에 기반한 우려죠. 하지만 공공화는 소유를 없애자는 게 아니라 독점을 없애자는 뜻이에요. 누구나 쓸 수 있지만, 기여한 사람이 정당한 보상을 받는 구조라면 오히려 더 많은 사람이 자유롭게 협력하고, 아이디어를 공유할 수 있어요. 오픈소스 운동이나 협업형 AI 개발처럼, 공공성과 혁신이 양립 가능한 시대가 이미 시작됐습니다. 특히 AI와 블록체인 기반의 기여 추적 기술이 발전하면 공공화와 보상의 조화는 충분히 실현 가능합니다.

생명 민주주의는 종교와 관련이 있나요?

아니요. 생명 민주주의는 특정 종교와 무관해요. 다만, 인간의 '의식'과 '존재'에 대한 깊은 이해를 바탕으로 하기 때문에 종교에서 다루는 영성, 연결성, 사랑 같은 개념과 부분적으로 겹치는 면이 있어요. 하지만 이것은 신의 권위나 교리를 따르라는 뜻이 아니라, 인간 내면의 성장과 공감 능력을 중심으로 한 정치 모델입니다. 종교가 '믿음'을 전제로 한다면, 생명 민주주의는 **'깨어남과 공감'**을 전제로 합니다.

사랑이 정치의 핵심 에너지라는 말이 실현 가능할까요?

우리가 지금까지 사랑을 '개인 감정'으로만 좁혀서 생각했기 때문이에요. 하지만 신뢰, 연결, 공감, 돌봄, 연대 같은 것들이 정치와 사회를 작동시키는 진짜 에너지라면 그건 결국 넓은 의미의 **'사랑'**입니다. 정치는 표와 권력만으로 움직이지 않아요. 사람이 사람을 어떻게 대하고, 어떤 에너지가 흐르느냐가 훨씬 중요하죠. 사랑이 정치의 에너지라는 말은 시적인 수사만이 아니라 구조적 사실이기도 해요. 정책이 누군가를 위한 것이라면 그 바탕엔 반드시 사랑이 있어야 하지 않을까요?

'의식이 에너지'라는 말은 무슨 의미인가요? 과학적으로도 가능한가요?

네, 이건 다소 생소한 개념이죠. '의식이 에너지'라는 말은, 우리의 생각, 감정, 주의 집중이 실제로 물리적·심리적 영향력을 발휘한다는 뜻이에요. 양자물리학에서 관측자의 주의가 입자의 상태에 영향을 미친다는 실험,

뇌파의 공명, 마음챙김 명상이 스트레스 호르몬을 조절하는 실험 등도 모두 의식이 에너지처럼 작용한다는 실마리를 보여줍니다. 물론 이걸 완전히 과학적으로 규명하긴 어렵지만, 적어도 '의식은 파동이고, 파동은 에너지다'라는 개념은 물리학, 심리학, 명상과학에서도 점점 인정받고 있어요.

모든 사람이 깨어난다는 게 현실적으로 가능할까요?

지금 당장 모든 사람이 '완전히 깨어난 존재'가 되진 않겠죠. 하지만 하루에 한 번이라도 '내가 지금 깨어 있는가'를 묻는 시민이 늘어난다면, 그건 사회 전체의 의식 밀도를 변화시키는 힘이 됩니다. 100% 깨어나는 것이 아니라, 10%의 사람들이 꾸준히 깨어 있으려 노력하는 사회가 결국은 시스템도, 문화도, 정치도 바꾸는 힘이 됩니다. 모든 사람의 완벽한 깨어남이 아니라, 깨어 있으려는 움직임의 확산이 더 중요해요.

이런 사회가 언제쯤 실현 가능하다고 보세요?

시기는 그 누구도 정확히 알 수 없어요. 하지만 한 가지는 분명해요. 그 시작은 '지금 여기' 깨어 있는 한 사람으로부터 시작됩니다. 이 책을 읽은 당신이 바로 그 사람이고, 그런 사람들이 10명, 100명, 1,000명이 되면 10년, 20년 안에 어떤 실험 도시가 생길 수도 있어요. 우리가 먼저 움직이면 생각보다 빨리 다가올 수도 있습니다. "언제가 될까?"보다 중요한 건 **"지금 나는 어떻게 살 것인가?"**입니다.

플랫폼 중심의 정치 참여는 조작이나 해킹에 취약하지 않나요?

아주 중요한 현실적 질문이에요. 그래서 우리는 플랫폼 설계 시 반드시 블록체인 기반과 백업 분산 시스템을 병행해야 해요. 참여 이력은 위·변조가 불가능한 블록체인에 기록되고, 개인 정보는 별도로 암호화하여 분산 저장하고, AI 요약과 군집화 시스템도 투명하게 작동하도록 오픈 알고리즘 기반을 사용해야 합니다. 이런 기술 기반 설계가 갖춰지면, 조작보다는 오히려 기존 시스템보다 훨씬 더 투명하고 공정한 구조를 만들 수 있어요. 정치 참여 플랫폼은 감성과 기술이 결합된 생명 구조여야 합니다.

분야자치는 기존 정부 시스템과 어떻게 연결되나요? 정부는 사라지는 건가요?

생명 민주주의는 기존 정부를 해체하거나 부정하지 않습니다. 초기 단계에서는 분야자치가 정부 시스템과 병행하여 실험적으로 도입되며, 국가 차원의 행정, 조정, 국제 관계 등은 일정 기간 계속 필요하겠죠.
다만, 국민이 각자의 분야에서 직접 참여하며, 스스로 자치하는 역량이 커질수록 정부의 역할은 점점 줄어들고, 중앙정부는 '명령하는 권력'이 아니라 '조율하는 플랫폼'으로 재구성되는 것이 핵심입니다. 결국 정부는 사라지는 게 아니라 변화하고 작아지는 것입니다.

분야자치가 현실에서 작동한 사례가 있나요?

네, 부분적으로는 이미 있습니다. 예를 들어, 스위스의 직접 민주주의는 지역·분야별 투표가 활발하게 진행되며, 아이슬란드 헌법 개정 운동은 시민이 온라인 플랫폼에서 조문을 제안하고 평가했죠. 스페인의 디시데임(Decidim), 대만의 vTaiwan은 분야별 시민 숙의 플랫폼이 실질적 정책에 반영됩니다.

205

물론 이 모든 예가 완전한 '분야자치'는 아니지만, 시민이 자신의 분야에서 목소리를 내고, 숙의하고, 결정에 참여하는 구조는 이미 전 세계적으로 실험되고 있고, 기술 발전과 함께 더욱 정교해지고 있어요. 우리가 제안하는 분야자치는 이 흐름을 더 유기적이고 전면적인 구조로 확장한 것이라고 보시면 됩니다.

누군가는 이 시스템을 악용할 수도 있지 않나요?

어떤 제도든 악용의 가능성은 존재합니다. 그래서 생명 민주주의는 '기술적 안전장치+집단지성 기반의 감시 구조+철학적 기반'이 함께 작동해야 해요. 기술적으로는 블록체인 기록, AI 기반 의사결정 시각화 등이 악용을 줄이고, 제도적으로는 모든 정책과 토론의 이력 공개, 운영위원 자격 조건 등으로 책임을 강화하며, 철학적으로는 사랑과 공감, 의식 성장이라는 '내적 기준'을 기반으로 외적인 감시보다 자율성과 신뢰의 구조를 키우는 것이 핵심입니다. 결국 제도를 악용하는 힘보다 그 제도를 지키고 키우려는 '깨어 있는 사람들'의 힘이 더 클 때 이 시스템은 안전하게 작동합니다.

생명 민주주의

1판 1쇄 인쇄 2025년 9월 16일
1판 1쇄 발행 2025년 9월 23일

지은이 지 윤
펴낸이 이기준
펴낸곳 리더북스
출판등록 2004년 10월 15일(제2004-000132호)
주소 경기도 고양시 덕양구 무원로 6번길 12 대흥빌딩 815호
전화 031)971-2691
팩스 031)971-2692
이메일 leaderbooks@hanmail.net

ⓒ지 윤, 2025(저작권자와 맺은 특약에 따라 검인을 생략합니다)
ISBN 979-11-93555-09-5 03340

이 책은 저작권법에 따라 보호받는 저작물이므로 무단전재와 무단복제를 금지하며,
이 책 내용의 전부 또는 일부를 이용하려면 반드시 저작권자와 리더북스의 서면동의를 받아야 합니다.

• 파본은 구입하신 서점에서 교환해드립니다.
• 책값은 뒤표지에 있습니다.

리더북스는 독자 여러분의 책에 관한 아이디어와 원고 투고를 설레는 마음으로 기다리고 있습니다. 책으로 엮기를 원하는 아이디어가 있으신 분은 이메일 leaderbooks@hanmail.net로 간단한 개요와 취지, 연락처 등을 보내주세요.